De titel van dit boek is geïnspireerd op de komedie uit 1980, "The Gods Must Be Crazy", waarin een lege Coca-Cola fles vanuit een vliegtuig valt in een dorp van Afrikaanse bushbewoners. De fles wordt gezien als een cadeau van de goden, maar doordat het leidt tot onrust en problemen onder de dorpelingen, beslissen de stamleiders dat ze het teruggeven aan de goden, door één van de ouderen naar het einde van de wereld te laten reizen om het daar over de rand te gooien. Via mijn eigen metaforische colafles, kan ik het begin van een nieuw rijk zien. Dit boek dient als een testament van mijn kijk op het herstel van het huidige rijk (kapitalisme en ondernemingen), voordat het te laat is.

GEBED OM HET HUIS VAN DE ROOSEVELTS TERUG TE BRENGEN

"En zij kwamen in Jeruzalem. En toen Jezus de tempel binnengegaan was, begon Hij hen die in de tempel verkochten en kochten, naar buiten te drijven; en de tafels van de wisselaars en de stoelen van hen die de duiven verkochten, keerde Hij om. En Hij liet niet toe dat iemand enig voorwerp door de tempel droeg. En Hij gaf onderwijs en zei tegen hen: Staat er niet geschreven: "Mijn huis zal een huis van gebed genoemd worden voor alle volken?" Maar u hebt er een rovershol van gemaakt." En de schrift-geleerden en de overpriesters hoorden het en zochten naar een manier om Hem om te brengen, want zij waren bevreesd voor Hem, omdat heel de menigte versteld stond over Zijn onderricht." (Markus 11:15-18, HSV)

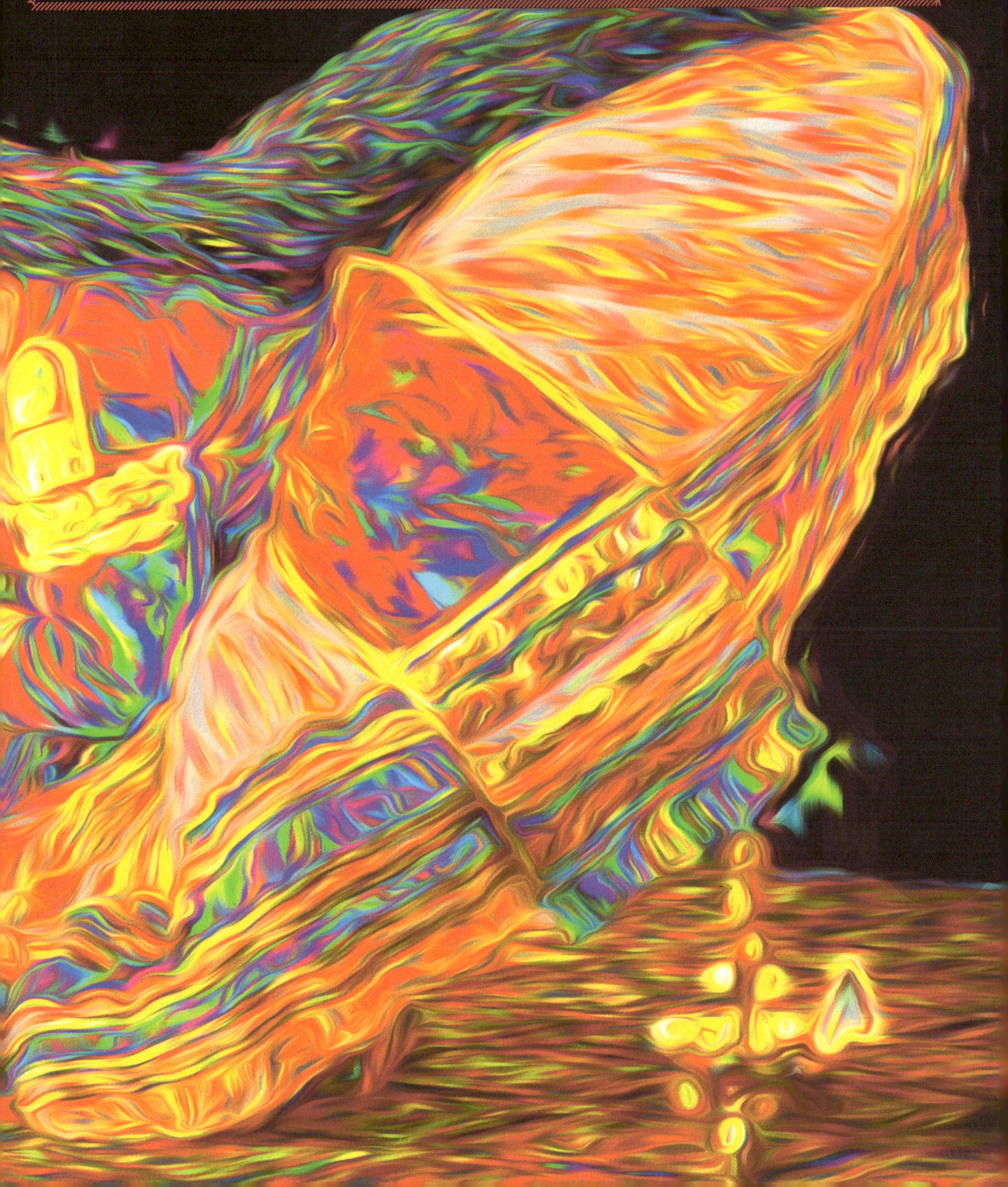

> *" Zolang er hier thuis geen veiligheid is, kan er geen blijvende vrede in de wereld zijn."*
>
> — Franklin Delano Roosevelt —

Terwijl ik dit schrijf, breekt er anarchie uit: een burgeroorlog is gaande direct voor mijn huis in het centrum van Chicago in de Verenigde Staten. Om een opgenomen telefoongesprek van de stadsraad van Chicago te citeren, "het is "in feite een oorlogsgebied" waarin "bendeleden bewapend met AK-47s dreigen te schieten op zwarte mensen." Ze schieten op de politie."

Ondertussen was de opgenomen strategiediscussie van de stadsraad in het kantoor van de burgemeester, die bedoeld was om het probleem op te lossen, uitgemond in een scheldwedstrijd die deed denken aan de Chiraq[1] bananenrepubliek[2]. Ik vraag me af wat er van de toekomst moet komen als dergelijke verschansingen[3] nodig is in mijn honder jaar oude huis? Eén van de meest prachtige en iconische ivoren torens in de wereld (het laatste hoofdkantoor van Britannica), beschermd door een privé-militie, lijkt niet langer veilig te zijn.

Ik heb de belofte voor *One Shared World* gedaan om een advocaat en beschermer te zijn, niet alleen van mijn geliefde Verenigde Staten, maar van de mensheid in het algemeen. Ik geloof dat het mijn morele verantwoordelijkheid is om andere te onderwijzen over een voorspellende, preventieve en responsieve infrastructuur die ons misschien kan beschermen tegen onze gedeelde existentiële dreigingen.

INHOUDSOPGAVE

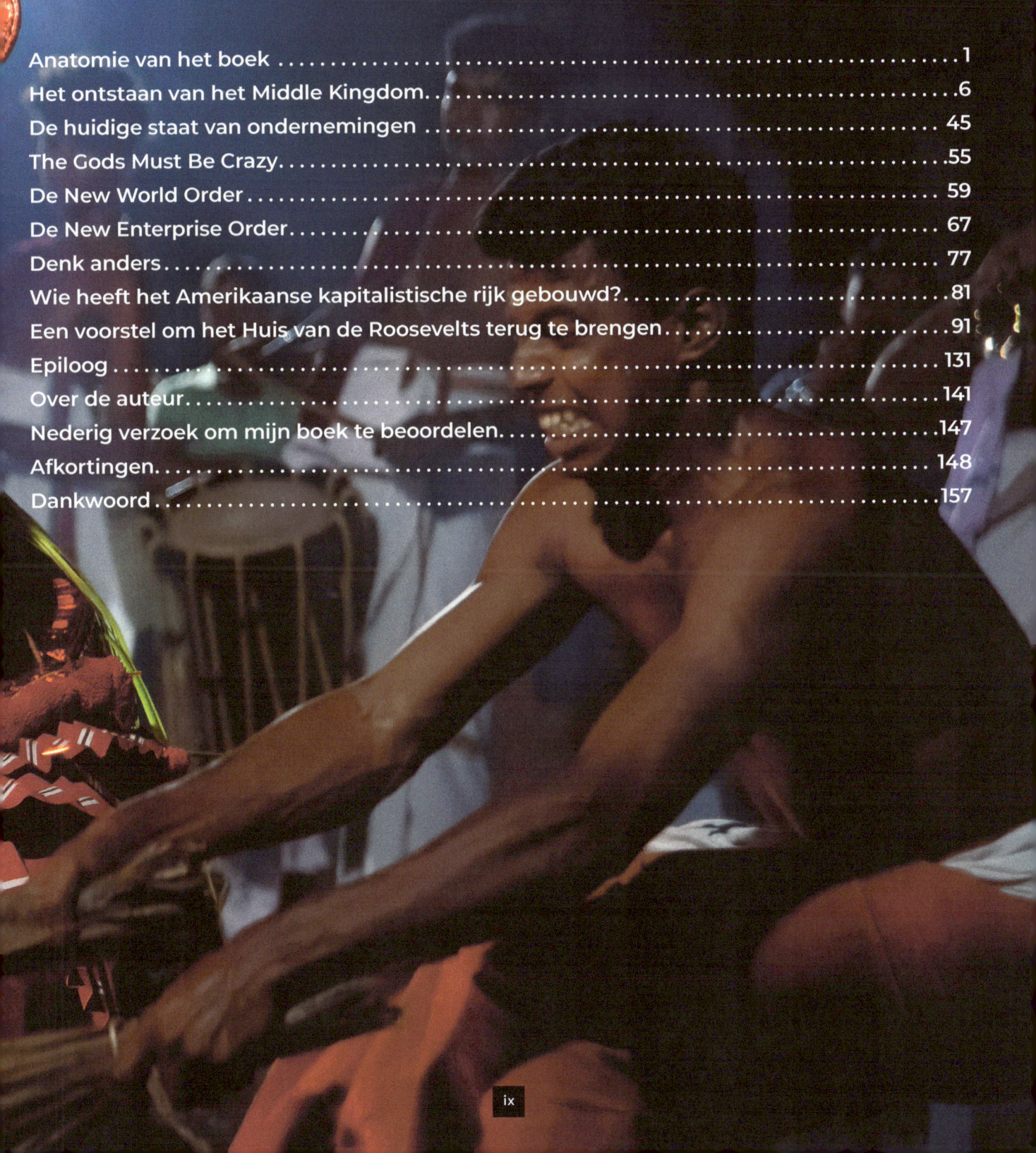

ANATOMIE VAN HET BOEK

DE DREIGENDE OPKOMST VAN HET MIDDLE KINGDOM

★★★

Het ontstaan van het Middle Kingdom

Ons rijk wordt bedreigd, en het bestaan van haar ondernemende onderdanen daarmee ook. Als we niet goed opletten zal het volgende gulzige koninkrijk (het Middle Kingdom[4]) binnenkort hun boodschappenjongens op pad sturen om rekeningen van de VS en meer dan honderd andere landen te innen. Landen die ze financieel gekoloniseerd hebben sinds de economische tsunami van 2008.

The Gods Must Be Crazy

In het begin van dit boek vertel ik over mijn rit per tijger door de verwrongen beelden van de realiteit: van de wieg van het communisme in het Oosten tot de catacomben van het kapitalisme in het Westen. Dit wordt afgezet tegen de achtergrond van het boek van Hernando de Soto, *The Mystery of Capital: Why Capitalism Triumphs in the West and Fails Everywhere Else*.

★★★

The Gods Must be Crazy!

The Rise & Fall Measures of Empires

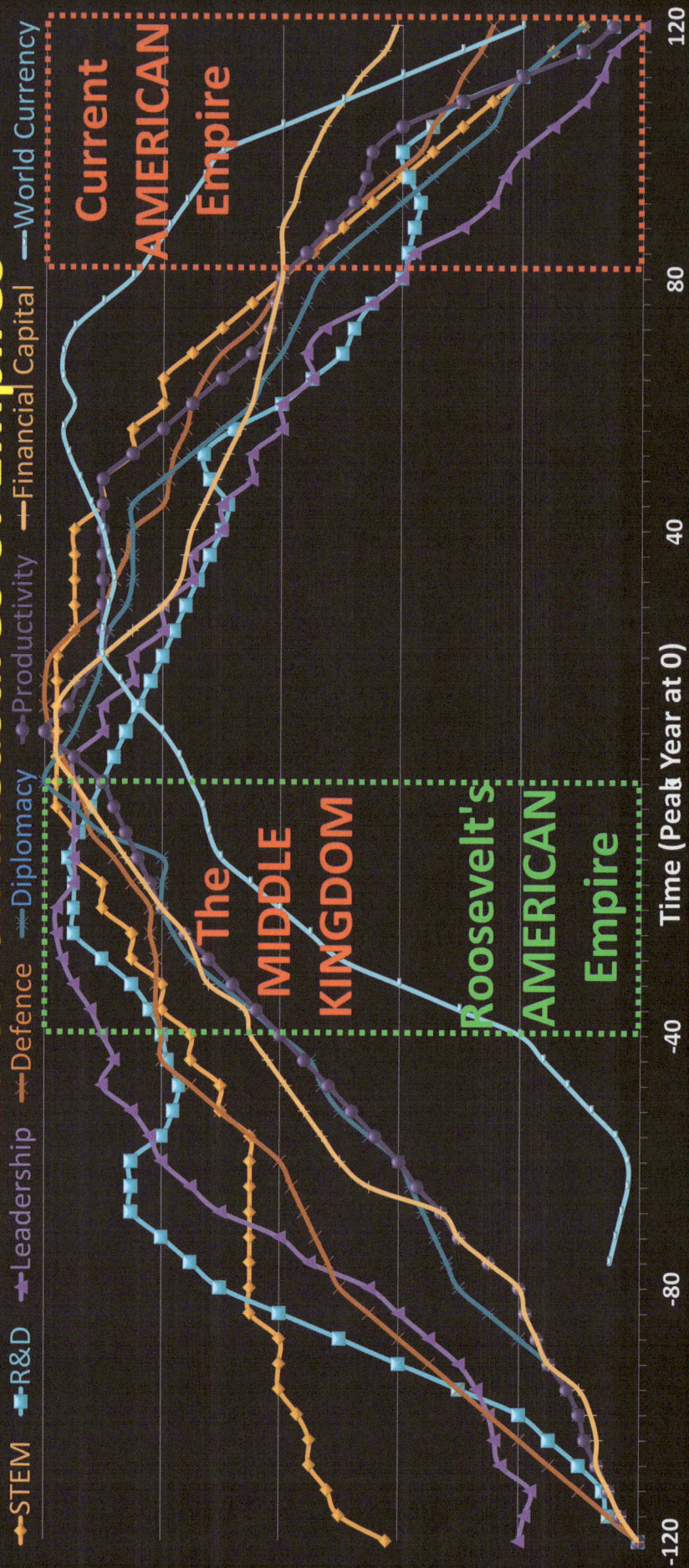

Legend: STEM, R&D, Leadership, Defence, Diplomacy, Productivity, Financial Capital, World Currency

Current AMERICAN Empire

The MIDDLE KINGDOM

Roosevelt's AMERICAN Empire

Time (Peak Year at 0)

Een voorstel om het Huis van de Roosevelts terug te brengen

In het tweede deel van het boek, neem ik *het perspectief van het Nieuwe Normaal (the New Normal)* over van *Empire to Enterprise(van Rijk tot Onderneming)* om uit te leggen hoe we ons kunnen redden van het aankomende Vierde Rijk[5]. Het overleven van een onderneming is verwikkeld met het komen en gaan van de godfathers die het sponsoren, de wereldrijken, zoals we in de afgelopen vijf eeuwen hebben gezien bij de grootste handelsbedrijven, zoals de Nederlandse[6] en Britse[7] Oost-Indische compagnieën.

Ik graaf het graf voor de basis van het kapitalisme en stel mijn recept voor in de vorm van het terugbrengen van de oude vertrouwde *New Deal*[8] van Roosevelt, om ons te redden van het Vierde Rijk. Ik verdedig mijn hypothese dat veel ondernemingen een stelletje financieel-creatieve kikkers zijn, verslaafd aan schuld en zwemmend in lauwe slangenolie.[9]

★★

The Gods Must Be Crazy!

Gaggle of Financial-Engineering Frogs in Debt

Nonfinancial Corporate Business; Debt Securities; Liability, Level (**Trillion $**)

Source: Board of Governors of the Federal Reserve System(FRED, Q1 2021)

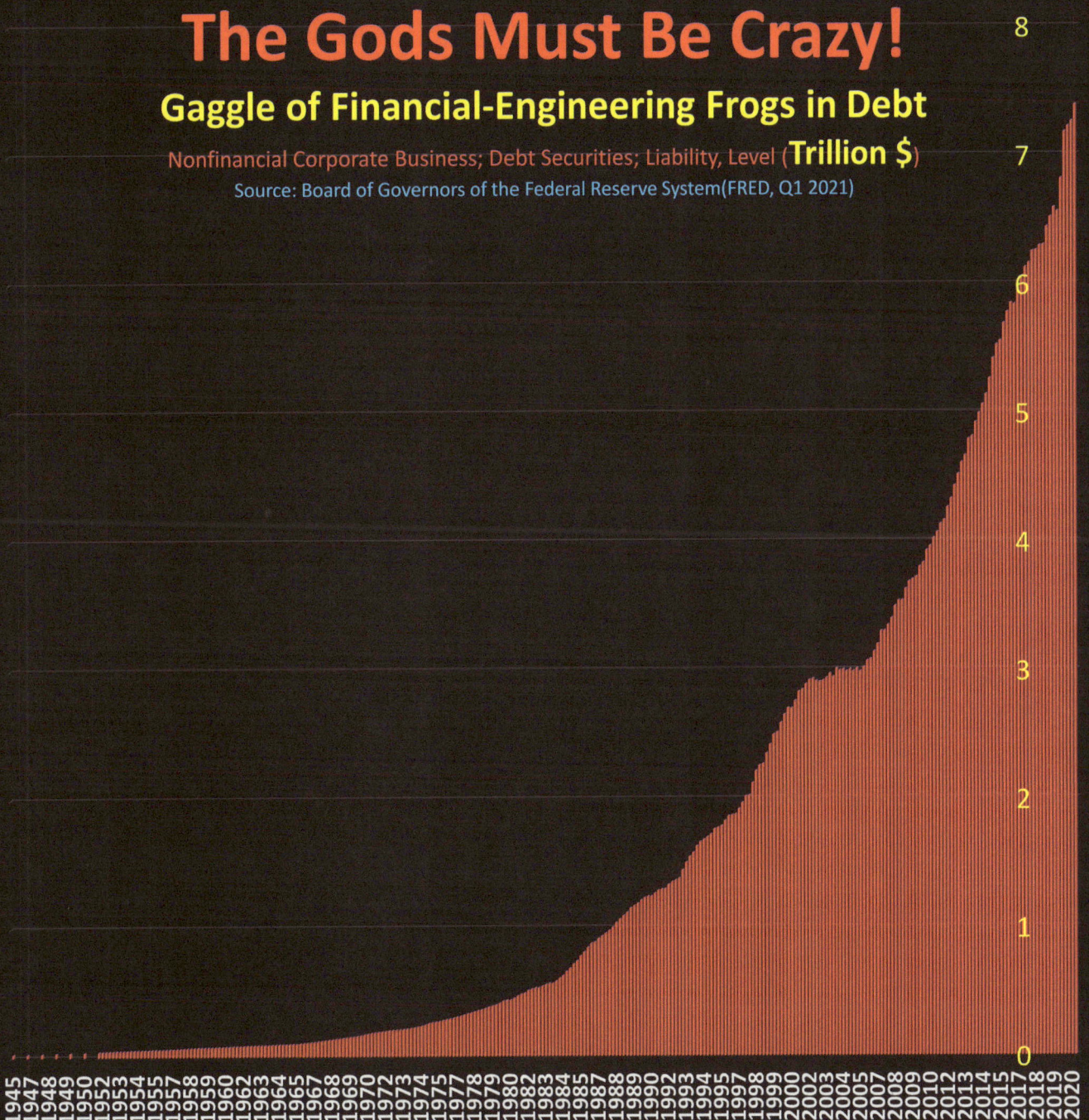

En wanneer het tij daalt, zullen veel van deze ondernemingen hun onsmakelijke lot tegemoet gaan door toe-doen van IP (Intellectual Property) aasgieren zoals China, zoals te zien in de onderstaande grafiek:

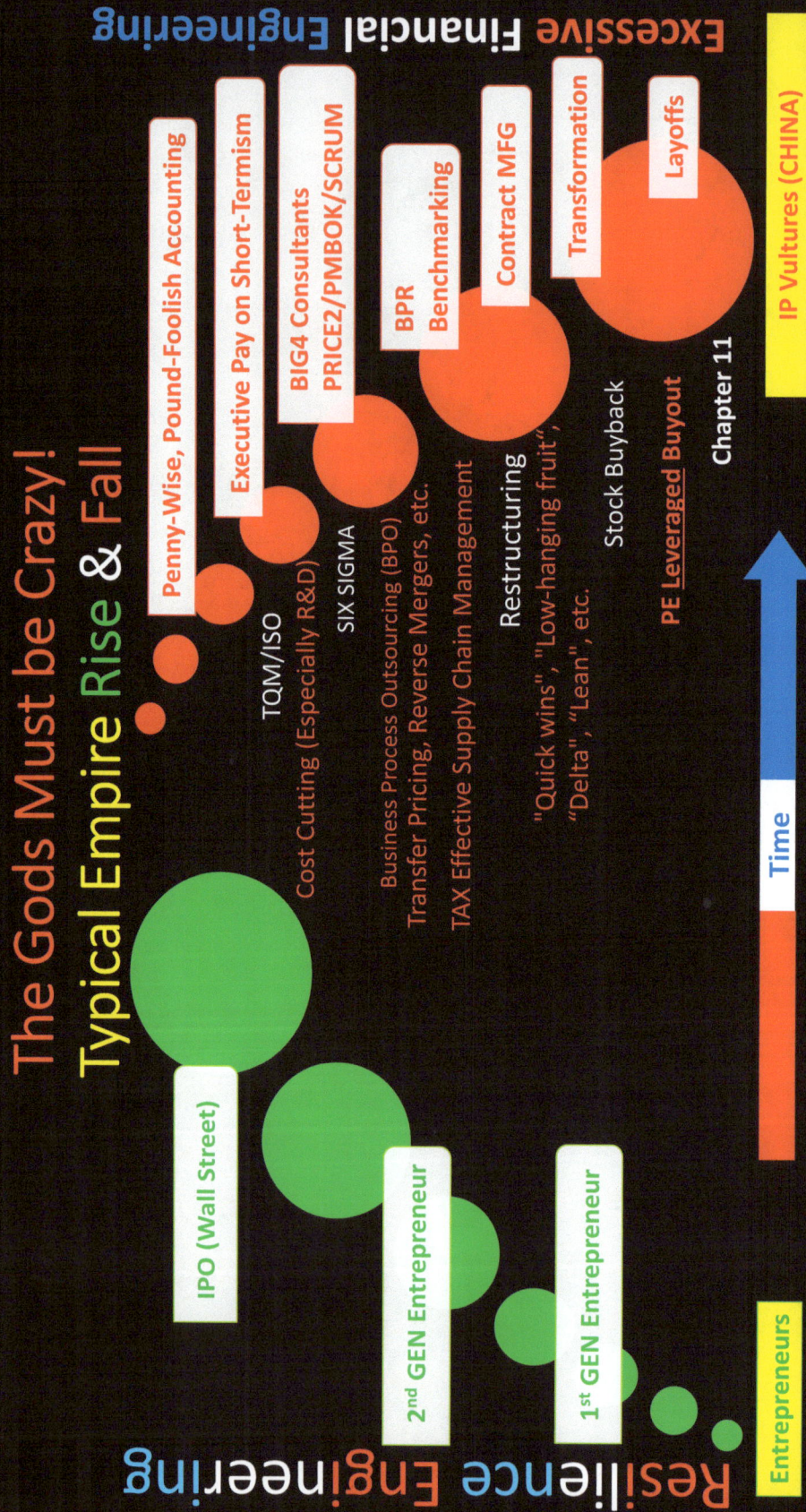

The Gods Must be Crazy!
Typical Empire Rise & Fall

Resilience Engineering

Excessive Financial Engineering

- Entrepreneurs
- 1st GEN Entrepreneur
- 2nd GEN Entrepreneur
- IPO (Wall Street)
- Penny-Wise, Pound-Foolish Accounting
- TQM/ISO
- Executive Pay on Short-Termism
- Cost Cutting (Especially R&D)
- BIG4 Consultants PRICE2/PMBOK/SCRUM
- SIX SIGMA
- Business Process Outsourcing (BPO)
- Transfer Pricing, Reverse Mergers, etc.
- TAX Effective Supply Chain Management
- BPR Benchmarking
- Contract MFG
- Restructuring
- "Quick wins", "Low-hanging fruit", "Delta", "Lean", etc.
- Transformation
- Stock Buyback
- PE Leveraged Buyout
- Layoffs
- Chapter 11
- IP Vultures (CHINA)

Time

Ay Yi Yai Yi! We are in the middle of The New World Order!

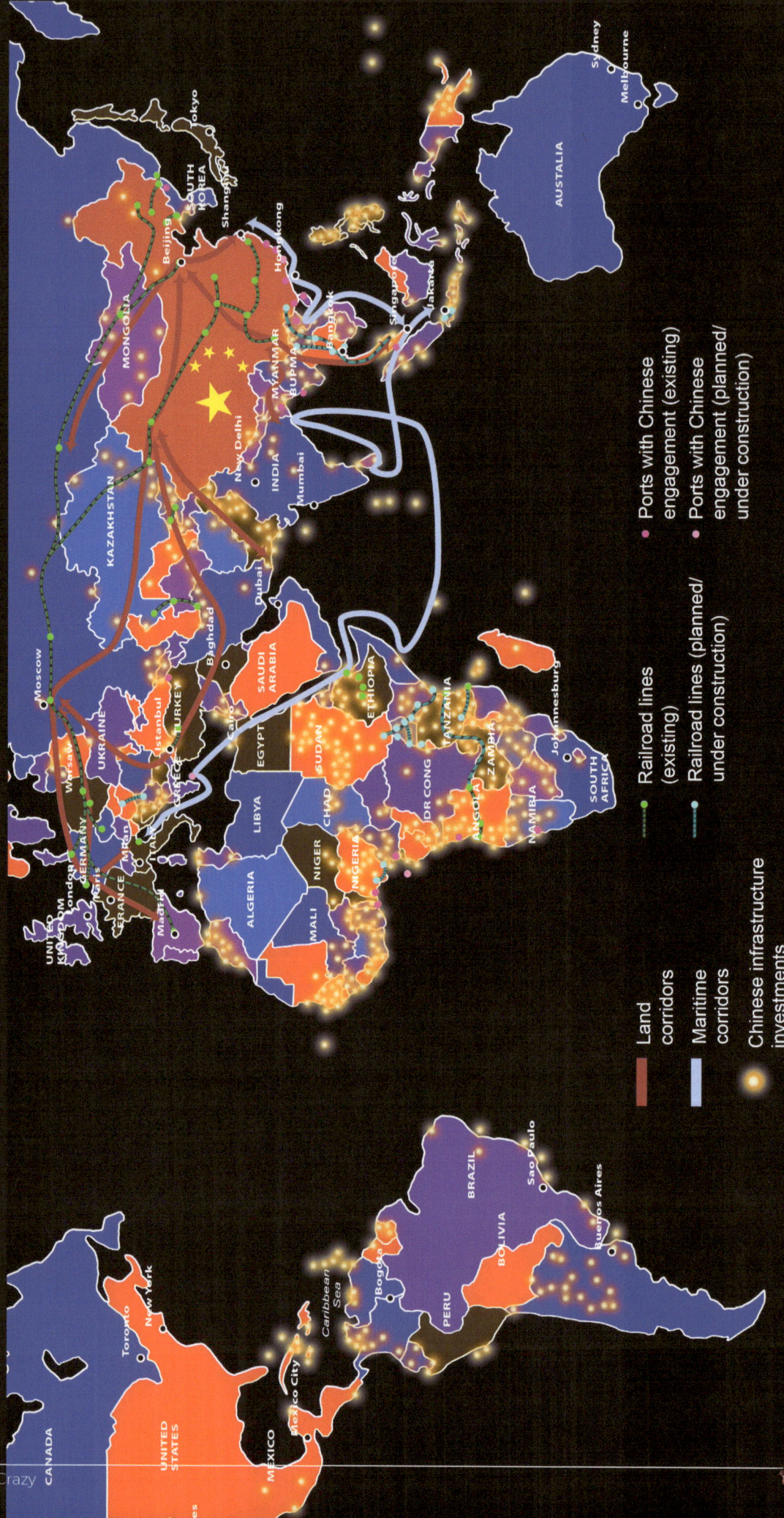

Land corridors

Maritime corridors

Chinese infrastructure investments

- Ports with Chinese engagement (existing)
- Ports with Chinese engagement (planned/ under construction)

Railroad lines (existing)

Railroad lines (planned/ under construction)

CANADA

UNITED STATES

MEXICO

Mexico City

New York

Toronto

Caribbean Sea

Bogotá

PERU

BOLIVIA

BRAZIL

Sao Paulo

Buenos Aires

UNITED KINGDOM

London

FRANCE

Paris

Madrid

GERMANY

Warsaw

UKRAINE

Milan

GREECE

Istanbul

TURKEY

ALGERIA

MALI

NIGER

LIBYA

EGYPT

Cairo

SUDAN

CHAD

NIGERIA

DR CONG

ANGOLA

NAMIBIA

ZAMBIA

TANZANIA

ETHIOPIA

Johannesburg

SOUTH AFRICA

SAUDI ARABIA

Baghdad

Dubai

Moscow

KAZAKHSTAN

MONGOLIA

Beijing

Shanghai

Hong Kong

SOUTH KOREA

Tokyo

New Delhi

INDIA

Mumbai

MYANMAR

BURMA

Bangkok

Singapore

Jakarta

AUSTRALIA

Sydney

Melbourne

Gods Must Be Crazy!

Conservative Estimate of Chinese Debt + Equity

Source: CHINA'S OVERSEAS LENDING, Sebastian Horn, Carmen Reinhart and Christoph Trebesch (KIEL WORKING PAPER NO. 2132)

Note: China's activities are secretive and captured only about 50% of total Chinese overseas loans. Includes debt claims from direct lending, trade advances, FDI debt instruments and portfolio holdings of foreign bonds and equity claims from foreign direct investment and portfolio holdings of foreign equity instruments.

In percent
of recipient GDP

- 0 - 1%
- 1 - 5%
- 5 - 10%
- 10 - 20%
- >20%
- No Data

"De kunst van het oorlogvoeren is van groot belang voor de Staat. Het is een zaak van leven en dood, een weg naar ofwel veiligheid ofwel ondergang. Het is daarom een onderwerp van onderzoek dat geenszins verwaarloosd mag worden."

Sun Tzu - De kunst van het oorlogvoeren (476–221 v.C.)

China, het Middle Kingdom, zit verlangend te wachten totdat we onze versleten troefkaarten verkeerd spelen, zodat zij hun premiejagers op pad kunnen sturen om de rekening te innen bij de VS en meer dan honderd andere landen[10]. Onder de beschermende vleugels van de overheid zijn Chinese ondernemingen bezig om de wereld effectief te koloniseren door deze landen financieel te beïnvloeden, met een kapitaal van meer dan $10 biljoen ingezet voor deze schuldendiplomatie[11]. De nieuwe generatie van het Belt and Silk Road Initiative[12] en andere geavanceerde megaprojecten in de infrastructuur, zijn uitstekende voorbeelden van een Chinese 22e eeuwse variant van een Trojaans Paard. Een deel van dit parasitaire en niet-duurzame schuldenbeleid verbergt de achterliggende overheersingsmotieven en de bedreiging van de soevereiniteit van verschillende staten. Ze worden platgewalst om de geostrategische belangen en het militaire beleid van China te ondersteunen.

> *"In vergelijking met China's vooraanstaande positie binnen de wereldhandel, wordt hun wereldwijde rol op financieel vlak slecht begrepen... De kapitaalexport van China heeft een totaal opgebouwd van 5000 leningen en subsidies, aan meer dan 150 landen tussen 1949 en 2017. We zien dat 50% van China's leningen aan ontwikkelingslanden niet gemeld worden bij het IMF en de Wereldbank. Deze "verborgen schulden" verstoren het toezicht op beleid, de beprijzing van risico's, en de analyses over draagkracht van schulden. Doordat de buitenlandse leningen van China bijna helemaal officieel zijn (vanuit de overheid), werken de normale "push" en "pull" factoren die we bij internationale geldstromen zien, niet op dezelfde manier."*

—————————— Kiel Institute for the World Economy (2020) ——————————

Volgens de inschattingen van het rapport van het Kiel, waren de buitenlandse financiële claims van China in 2017 in totaal al meer dan 8% van het wereldwijde BBP, oftewel de waarde van de totale wereldproductie. Alleen de obligaties en cash-voorraden van China beslaan al minstens 7% van het Amerikaanse BBP, 10% van het Duitse BBP en 7% van het BBP van het VK waard. Het is zelfs zo dat China in de Eurozone al een aanzienlijke invloed heeft, met in totaal 7% van het BBP van de hele zone (oftewel ongeveer 850 miljard dollar aan obligaties).

China kan aanspraak maken op minstens $5 biljoen ($5000 miljard) aan schulden ten opzichte van de rest van de wereld, en al bijna 80% van de landen waren in 2017 ontvangers van China's financiële "vrijgevigheid". Deze enorme toename is ongekend in tijden van vrede en is vergelijkbaar met wat de VS uitleende na de Eerste en Tweede Wereldoorlog.

Helaas zijn deze conservatieve inschattingen uit 2017 inmiddels al achterhaald, zeker gezien de economische staat van de wereld na de Covid-19 pandemie. De precieze impact van Covid-19 op de versnelde investeringen en leningen van China moet nog duidelijk worden.

Ooit waren instituten die door Amerika gesticht zijn, zoals het IMF en de Wereldbank, de grootste uitgevers van leningen in de wereld. Hun leenmethoden waren gebaseerd op volledige openheid van zaken, en bood vrij veel transparantie, en een zekere ethiek en professionaliteit. Dit was vooral belangrijk bij het onderhandelen met corrupte regimes en milities in landen die onder de vloek van grote natuurlijke rijkdommen gebukt gaan.

De lidstaten van de Organisatie voor Economische Samenwerking en Ontwikkeling (OESO) binnen de Club van Parijs en andere grote instituten zoals het IMF en de Wereldbank, leenden geld tegen vriendelijke voorwaar-

De officiële leningen van China worden aangestuurd vanuit de Chinese communistische partij, oftewel de overheid. Tweederde van de leenactiviteit wordt geregeld via buitenlandse partnerondernemingen van Chinese banken, gevestigd in offshore financiële centra. Naast dat ze daardoor nagenoeg onmogelijk te volgen zijn, worden deze leningen voornamelijk gedekt door onderpanden, en worden ze in het geheim afgesloten.

Veel van de leningen gaan naar landen die weinig financiële middelen hebben, maar wel veel natuurlijke hulpbronnen, en die vaak door corrupte of incapabele leiders bestuurd worden. Daardoor worden de terugbetalingen en rente meestal gedekt door de hulpbronnen, zoals mineralen, hout, of olie, die deze landen binnen hun grondgebied hebben. Anders dan gebruikelijke leningen tussen overheden, zijn deze contracten meestal clandestiene commerciële leningen met een arbitragebeding. Deze constructie zorgt ervoor dat de bedragen van terugbetalingen, maar ook wanbetalingen of herstructurering volledig buiten het zicht voltrokken worden.

Ter illustratie, in de jaren 70 was er een hausse aan goedgekeurde leningen, die zorgde voor een vloedgolf aan financiële crises aan het begin van de jaren 80. Op dat moment stuurden Westerse banken grote bedragen aan buitenlands kapitaal naar arme landen met veel natuurlijke hulpbronnen in Afrika, Azië en Latijns-Amerika. Het duurde meer dan tien jaar om de economische recessies op te lossen die ontstonden door een hele rij aan faillissementen van landen door deze praktijken. Met corrupte leiders en een gebrek aan transparantie of toezicht, zullen veel van de landen die nu ten prooi vallen aan de Chinese haaien hetzelfde lot tegemoet gaan.

Nog voordat sommige landen de pre-Highly Indebted Poor Countries (HIPC, oftewel arme landen met veel schuld) status bereikten, gingen ze al failliet, nog voordat Covid-19 kwam kijken. De landen die het hardst getroffen zijn door Covid-19, zoals landen in Latijns-Amerika en armere Afrikaanse staten, zullen zonder twijfel grote moeite krijgen om hun leningen aan China terug te betalen, of hier helemaal niet meer toe in staat zijn. Economische neergang zorgt voor een versnelde afname van productie van goederen en het productieniveau van natuurlijke hulpbronnen heeft ook te lijden. Zonder geld en zonder toegang tot hun natuurlijke eigendommen, ziet de financiële toekomst er slecht uit voor landen die in de economische grip van China zijn.

Gods Must Be Crazy!

Conservative Estimate of Chinese Direct Loans (2017)

Source: CHINA'S OVERSEAS LENDING, Sebastian Horn, Carmen Reinhart and Christoph Trebesch (KIEL WORKING PAPER NO. 2132)

Note: China's activities are secretive and captured only about 50% of total Chinese overseas loans. The debt estimates are based on loan-level data. They exclude Chineseportfolio debt holdings and short-term trade debt. GDP data is from the IMF World Economic Outlook.

In percent
of recipient GDP

- 0 - 1%
- 1 - 5%
- 5 - 10%
- 10 - 25%
- 25 - 100%
- No Data

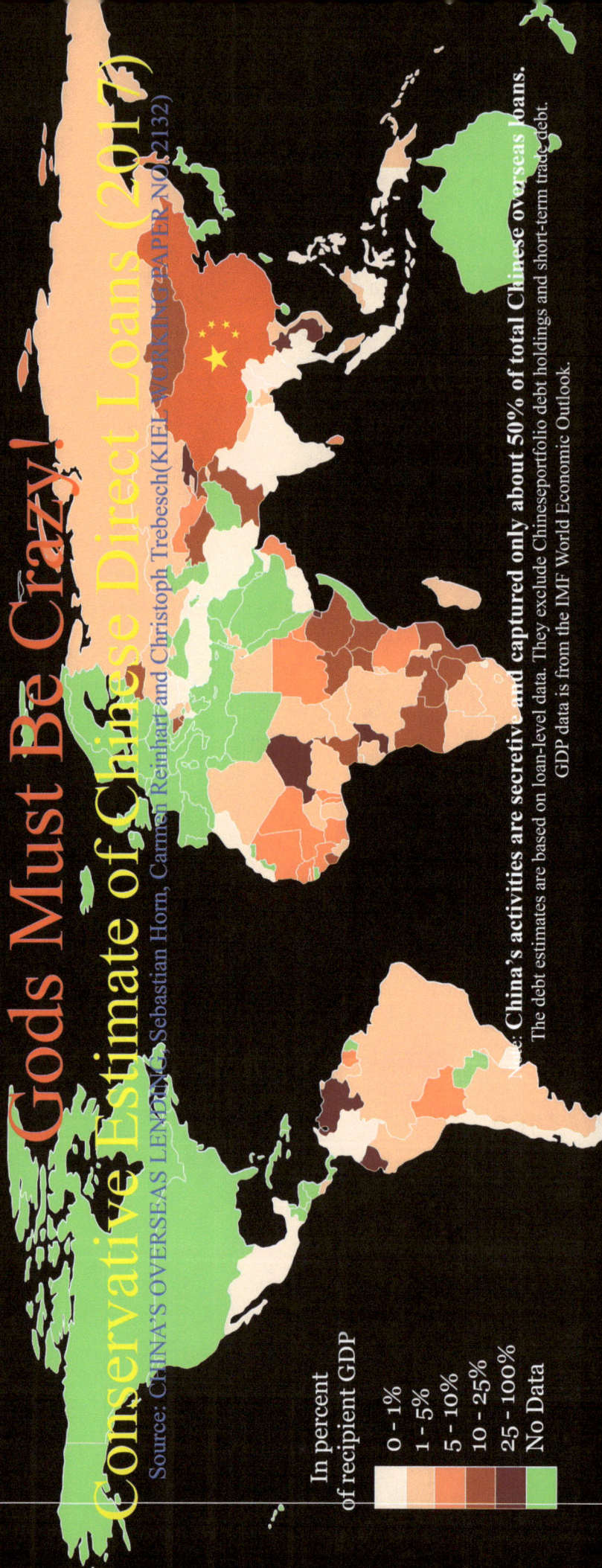

The Gods Must Be Crazy!
Characteristics of Chinese Loan

Source: CHINA'S OVERSEAS LENDING, Sebastian Horn, Carmen Reinhart and Christoph Trebesch(KIEL WORKING PAPER NO. 2132)

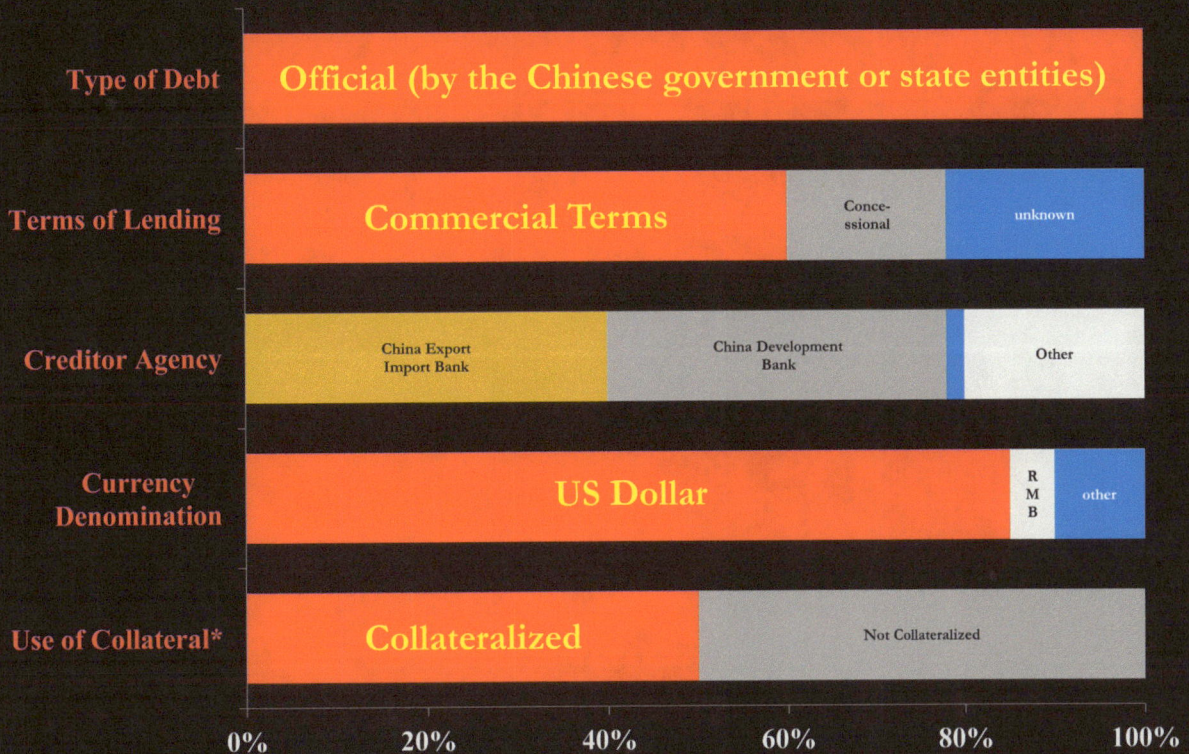

Type of Debt	Official (by the Chinese government or state entities)		
Terms of Lending	Commercial Terms	Concessional	unknown
Creditor Agency	China Export Import Bank	China Development Bank	Other
Currency Denomination	US Dollar	RMB	other
Use of Collateral*	Collateralized	Not Collateralized	

0%   20%   40%   60%   80%   100%

★ ★

Het is de grote vraag wat de Chinese neo-kolonisatiestrategie na Covid-19 zal worden. Hoe zullen ze de onderhandse leningen terugvorderen, leningen getekend zijn door corrupte leiders en betaald zijn in hulpbronnen die nu waardeloos zijn geworden.

Na de Tweede Wereldoorlog **doneerde** de Verenigde Staten meer dan het equivalent van *$100 miljard* (het BBP van de VS was toen $258 miljard), gelijkmatig verdeeld tussen economische en technische hulp om Europese landen te helpen in de wederopbouw. De hele wereld heeft voordeel gehad van het Marshall Plan[13], en er is 75 jaar lang een hoge mate van vrede geweest. Het is tijd dat Amerika nu de coalitie leidt die *nieuwe* Marshall Plannen maakt om landen te redden die economisch gekoloniseerd zijn door China.

> *"Het maakt niet uit of de kat zwart of wit is, als hij maar muizen vangt."*
> Deng Xiaoping, Opperste leider van China (1978 -1989)

Digitale kolonisatie

In de afgelopen vijfenzeventig jaar hadden Amerikaanse technologische multinationals een groot deel van de digitale infrastructuur van de wereld in handen. Maar China is hard bezig hun "Belt and Road Initiative" (BRI) *uit te breiden* naar hun "Digital Silk Road" (DSR)[14]. China heeft specifieke akkoorden voor de DSR getekend met allerlei landen, en de infrastructuurprojecten zijn een afleiding, waardoor Beijing hun wereldwijde invloed kan uitbreiden zonder al te veel concurrentie. Het biedt een digitale achterdeur voor Chinese technologiebedrijven om westerse ondernemingen te torpederen. Chinese producenten van telecom-apparatuur, infrastructuur voor digitale opslag, en bedrijven met datacenters zitten achter het stuur. De DSR biedt ook economische en digitale wegen om de interpretatie van "smart city" sensoren en data-platforms te exporteren, wat mogelijke bedreigingen van de nationale veiligheid kan opleveren.

Gods Must Be Crazy!

China's Equity Investments (2017)

Source: CHINA'S OVERSEAS LENDING, Sebastian Horn, Carmen Reinhart and Christoph Trebesch (KIEL WORKING PAPER NO. 2132)

Note: This figure shows the geographic allocation of Chinese equity investments, consisting of foreign direct investment and Chinese portfolio holdings of equity instruments issued by non-residents.

Sources: American Enterprise Institute and IMF's Coordinated Portfolio Investment Survey (CIPS).

In percent of recipient GDP

- 0 - 1%
- 1 - 3%
- 3 - 5%
- 5 - 10%
- >10%
- No Data

Er zitten vier belangrijke aspecten aan de Digital Silk Road (DSR) van China:

1. Digitale infrastructuur, zoals datacenters en optische glasvezelkabels maken futuristische technologieplatforms mogelijk, zoals het Internet of Things (IoT), 5G en 6G.

2. Internationale instituten die standaarden en regels opstellen over nieuwe technologieën.

3. Focus op ecommerce-gerelateerde technologieën zoals elektronische betaalsystemen, cryptomunten, en digitale vrijhandelsgebieden.

4. De Chinese strategie "Make Middle-Kingdom Great Again" als onderdeel van het "Made in China 2025" initiatief. Om dit doel te behalen, hebben ze zwaar geïnvesteerd in het Thousand Talents Plan[15] (dat high-tech expats binnenhaalt)[16].

Chinese quasi-staatsondernemingen, met staatssubsidie, zoals Huawei en ZTE[17], bouwen een groot deel van de digitale infrastructuur van Afrika. Hun glasvezelkabels zijn inmiddels de ruggengraat van de digitale verbindingen in Centraal-Azië. De DSR zal de Chinese Communistische Partij (CCP) macht geven in de vorm van kompromat[18], voor het manipuleren van belangrijke internationale leiders en ondernemingen, via hun toegang tot gevoelige data en hun geavanceerde capaciteit voor data-analyse.

Gods Must Be Crazy!
Standing Credit Line at China's Central Bank

Source: CHINA'S OVERSEAS LENDING, Sebastian Horn, Carmen Reinhart, and Christoph Trebesch (KIEL WORKING PAPER NO. 2132)

Note: **This figure shows outstanding swap line agreements between China's central bank (PBoC) and foreign central banks.** Red shaded countries have a standing credit line agreement with the PBoC as of 2017.

In total, China has agreements with more than 40 foreign central banks for drawing rights of 550 billion USD. The figure also considers the multilateral swap agreements within the so called Chiang Mai initiative and within the Contingent Reserve Arrangement of BRICS countries.

www.ERMMavericks.com

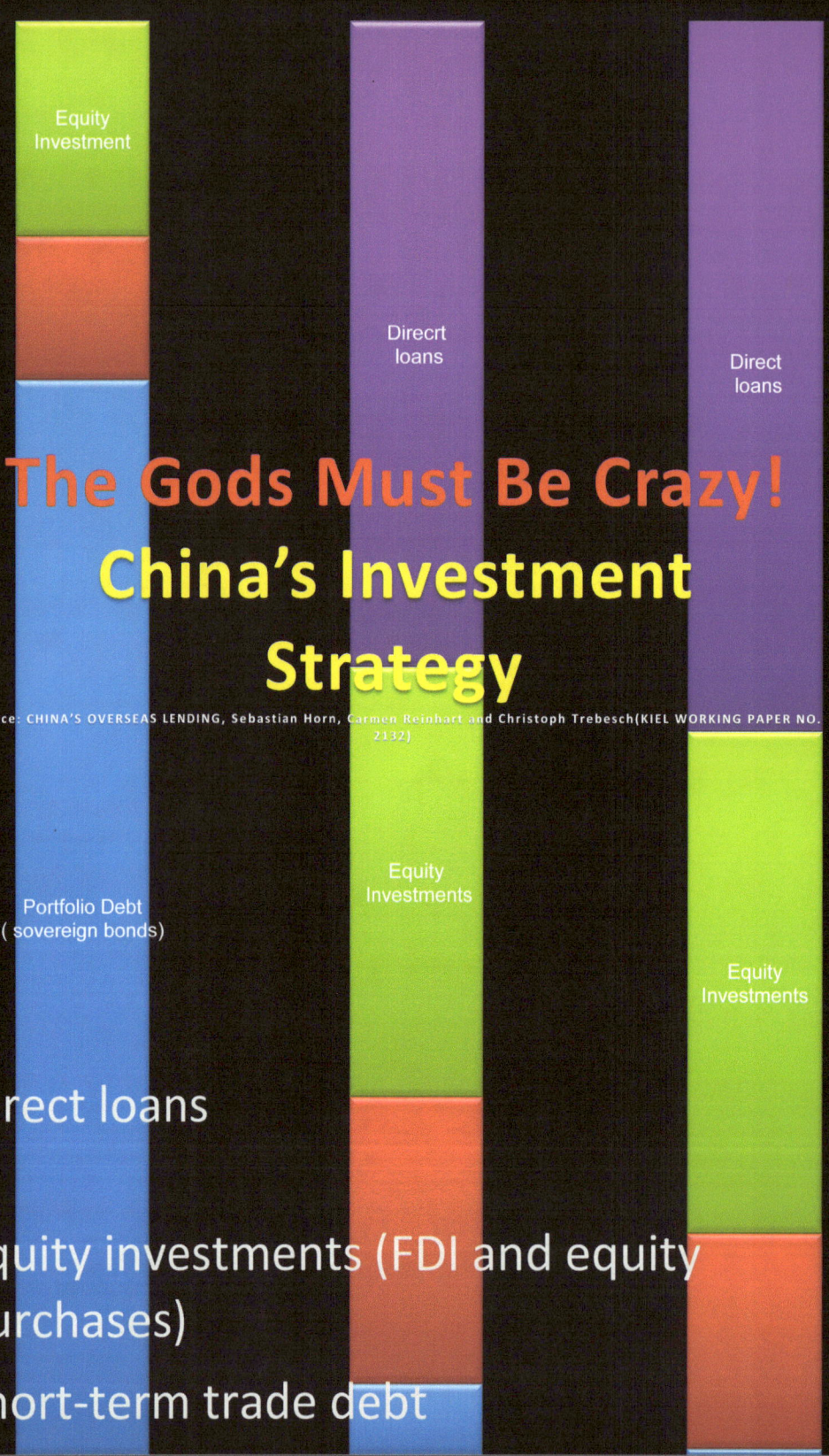

The Gods Must Be Crazy!
China's Investment Strategy

Source: CHINA'S OVERSEAS LENDING, Sebastian Horn, Carmen Reinhart and Christoph Trebesch(KIEL WORKING PAPER NO. 2132)

PERCENTAGE

100
80
60
40
20
0

Advanced Economies — Equity Investment, Portfolio Debt (sovereign bonds)

Emerging Economies — Direct loans, Equity Investments

Low-Income Countries — Direct loans, Equity Investments

- Direct loans
- Equity investments (FDI and equity purchases)
- Short-term trade debt

China's Global Infrastructure Footprint

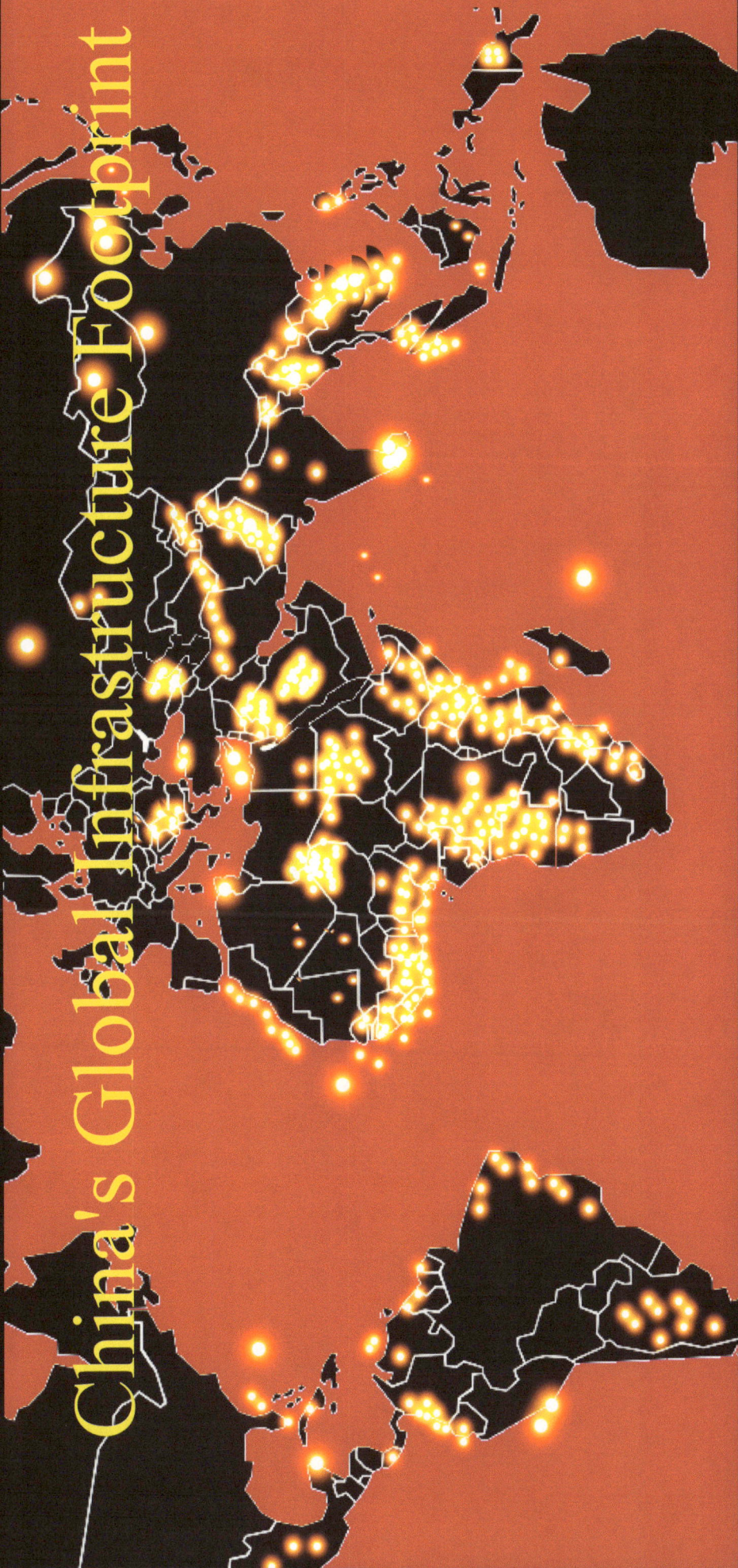

Deze structuur geeft de CCP een enorme mate van politieke invloed. Ze kunnen en zullen daarmee regels en standaarden implementeren voor de uitvoering van hun ideologische en autoritaire ideologieën, zonder rekening te houden met hun gastland, de burgerbevolking, of de soevereiniteit van staten. Chinese technologieën die een inbreuk doen op privacy, zoals gezichtsherkenning en cyberspionage, worden al uitgebreid gebruikt voor het toezicht op burgers in verschillende landen.[19]

Naast Chinese e-commerce, maakt de DSR ook telemedicatie, internetbankieren en slimme steden mogelijk. Het meest alarmerende aspect hiervan is dat de overheidsgestuurde DSR de data van alle gekoloniseerde burgers kan verzamelen en veranderen, door middel van quantum computing, kunstmatige intelligentie, en andere geavanceerde technologieën[20]. Deze informatie kan vervolgens gebruikt worden in het voordeel van China, niet voor de mensen.

> *"Don't you understand? The VC say, 'go away, go away'. That's 'finish' for all the white people in Indochina. If you're French, American, that's all the same. 'Go.' They want to forget you. Look, Captain. Look, this is the truth. An egg. [slaat het ei kapot, laat het eiwit eruit lopen] The white left, but the yellow stays!"*

———— Franse kolonist, "Apocalypse Now" ————
(film uit 1979 van Francis Ford Coppola)

Concurrentie

De nieuwe zijderoute had als belangrijkste doel het uitbreiden van de invloed en investering in Azië, via infrastructuurprojecten zoals "One Belt, One Road" (OBOR) en instituten zoals de "Asian Infrastructure Investment Bank" (AIIB). De door China gecontroleerde AIIB heeft de hoogste kredietrating gekregen van de drie grootste ratingbureaus ter wereld[21]. In 2015 was de initiële investering in dit instituut in Beijing minstens gelijk aan twee derde van het kapitaal van de Asian Development Bank (ADB). Dit staat ook gelijk aan ongeveer de helft van het kapitaal van de Wereldbank. De AIIB is een directe bedreiging voor de basis van de Wereldbank en het IMF, zoals die gemaakt zijn door de Amerikanen.

In 1960 was de Amerikaanse economie gelijk aan ongeveer 40% van het BBP van de hele wereld. Inmiddels is het volgens schattingen van het IMF minder dan 15% in "Purchasing Power Parity" (PPP), een maatstaf die corrigeert voor koopkracht. Ondertussen staat het koopkracht-gecorrigeerde BBP van China al op 20%, en dit neemt consistent toe.[22] Het BBP van China is de afgelopen dertig jaar ongeveer vijftien keer zo groot geworden. Dat van de VS is daarentegen slechts verdubbeld. Ondertussen schieten de binnenlandse niet-financiële schulden in de VS de lucht in. Dit getal staat momenteel op $80 biljoen ($80.000 miljard), terwijl de federale balans van de VS inmiddels $7 biljoen in niet-duurzame schulden bevat.

"*Het verlies aan inkomen in de private sector - en alle schulden die aangegaan worden om dat gat te vullen - moeten uiteindelijk geheel of gedeeltelijke overgenomen worden door de overheid. Veel hogere niveaus van publieke schuld zullen een permanente eigenschap worden van onze economieën, en zullen samengaan met het afschrijven van private schulden.*"

Mario Draghi,
voormalig president van de Europese Centrale Bank

The Gods Must be Crazy!
The Crocodile from the Yangtze
IMF 2018 GDP in PPP (Trillion $)

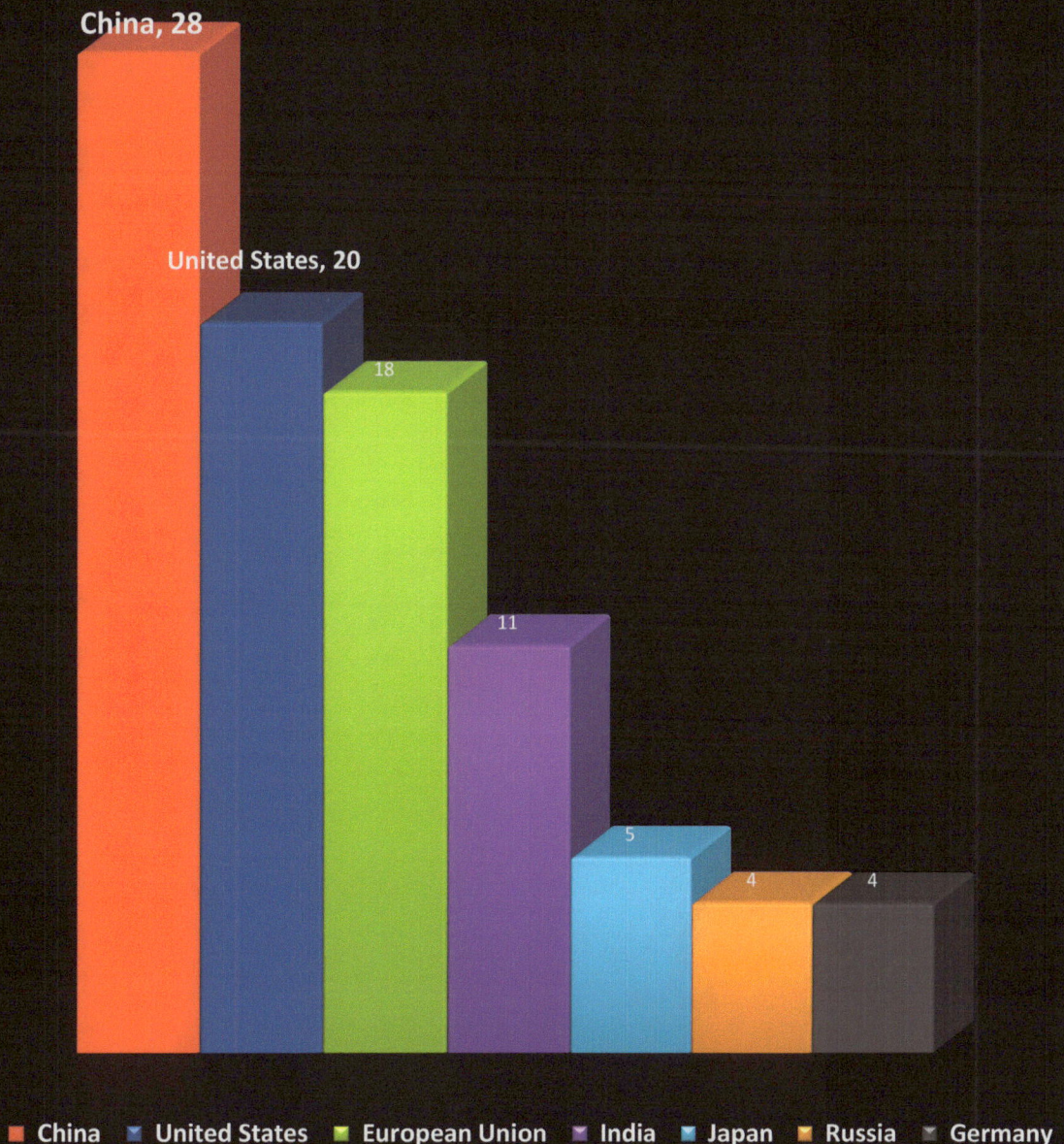

China, 28
United States, 20
18
11
5
4
4

China United States European Union India Japan Russia Germany

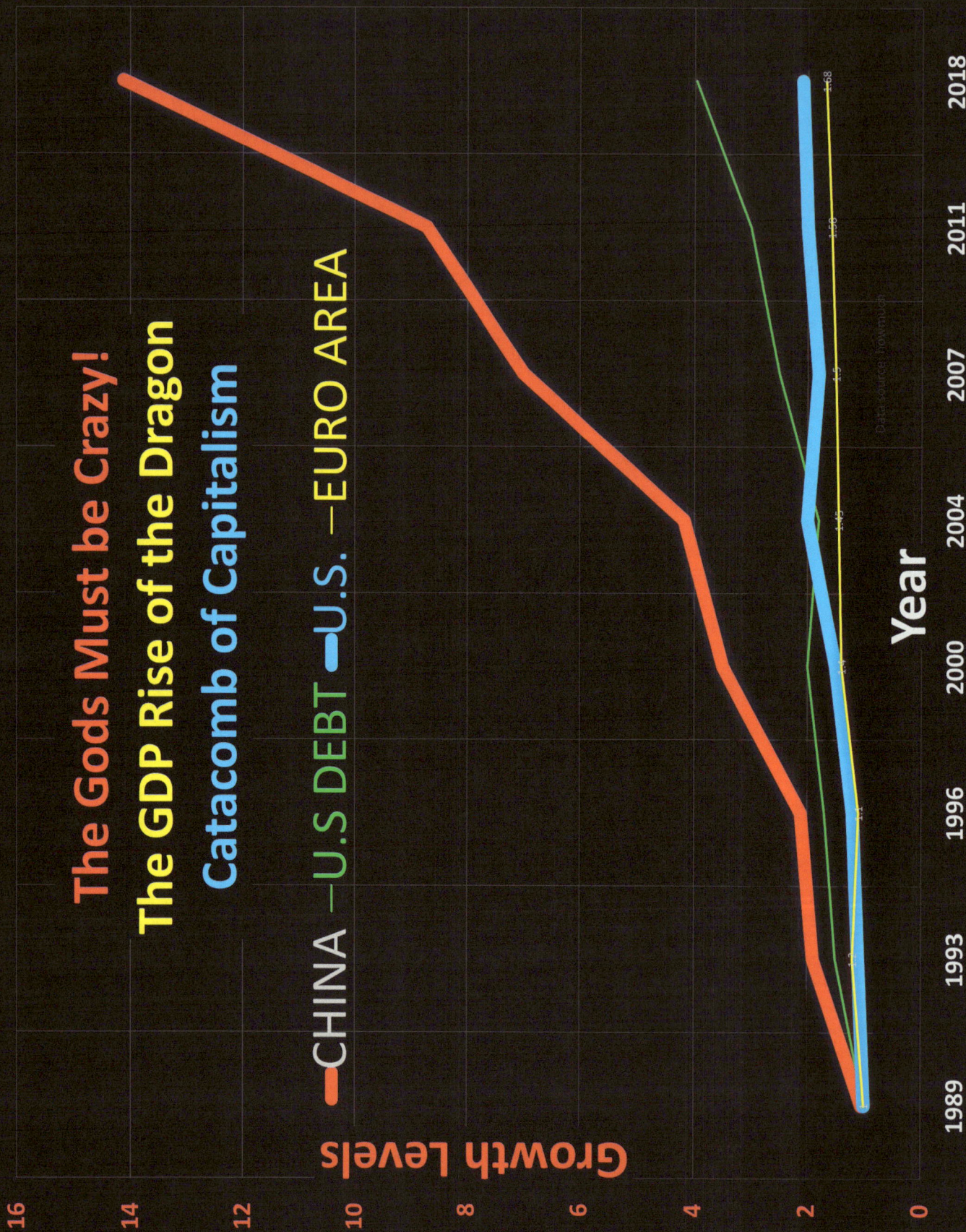

The Gods Must be Crazy!
The GDP Rise of the Dragon
Catacomb of Capitalism

Growth Levels

Year

CHINA —U.S DEBT —U.S. —EURO AREA

16
14
12
10
8
6
4
2
0

1989 1993 1996 2000 2004 2007 2011 2018

Data source: howmuch

Er is al veel frustratie over de verschrikkelijke uitvoering rondom de inperkende maatregelen tegen Covid-19. Om het nog erger te maken, is één van de financiële gevolgen van het coronavirus dat er nog meer rijkdom naar de top van de piramide gaat. Deze instorting van wereldwijde financiële solvabiliteit kan resulteren in onvoorstelbare rellen en anarchie, zoals ik die zelf heb gezien voor mijn huis in Chicago, maar het kan ook burgeroorlogen wereldwijd veroorzaken. Dergelijke internationale gebeurtenissen kunnen veel radicaler worden dan wat we gezien hebben in 2020, en kunnen uiteindelijk een grote impact hebben op de basis van ondernemingen overal ter wereld. Tegelijkertijd halen Chinese ondernemingen de oude vertrouwde Westerse concurrenten met grote snelheid in.

Nationale veiligheid

Amerika verspilt geld aan prehistorische militaire uitrusting en duur personeel, terwijl het Chinese leger in 2017 slechts 87% van het defensiebudget van de VS uitgaf[23]. Ze hebben hun geld strategisch en verstandig uitgegeven, om de Amerikanen zo snel mogelijk te verwijderen, te beginnen met hun eigen achtertuin in de Azië-Pacific regio. China heeft meer dan 2 miljoen actief legerpersoneel (de VS 1 miljoen), acht miljoen reservepersoneel (de VS 800.000), en meer dan 385 miljoen andere burgers die beschikbaar zouden zijn voor het leger (de VS 73 miljoen). Waar de Chinezen alle aspecten van de VS uitgebreid hebben bestudeerd, zijn de meeste Amerikaanse burgers nagenoeg onwetend van wat er buiten hun landsgrenzen gebeurt, op vliegvelden en mooie toeristische attracties na. De bevolking van de Verenigde Staten is gevoelig voor opsluiting in hun ivoren torens en groene zones met een zwaar versterkte, "enorme grote, prachtige muur[24 25]."

Het Amerikaanse gezondheidssysteem is slecht ontworpen, sociaal onverantwoord, opgesplitst in silo's, en verspilt het meeste geld ter wereld aan gezondheidszorg (ongeveer $5 biljoen per jaar). De gezondheidssector wordt bestuurd door een bende van "medische kartels".[26] De bandieten in de farmaceutische industrie en gezondheidszorg hebben sinds 1998 vijf miljard dollar uitgegeven aan lobbyen. Zoals Covid-19 heeft laten zien, zelfs met de Defense Production Act, een Amerikaanse oorlogswet om productie op te voeren, worden we gegijzeld door China voor onze zelfgeproduceerde mondmaskers van 3M en de benodigde persoonlijke beschermingsmiddelen (PBM).

"In de VS wordt 90% van alle doktersvoorschriften afgewerkt met generieke, merkloze medicijnen, en één van elke drie pillen die geconsumeerd wordt is gemaakt door een Indiase producent van merkloze medicatie. India krijgt ongeveer 68% van hun actieve farmaceutische ingrediënten (API's) van China."

— onderzoek uit april 2020 door KPMG en de Confederation of Indian Industry (CII)

New Confirmed COVID-19 Cases per Day, normalized by population

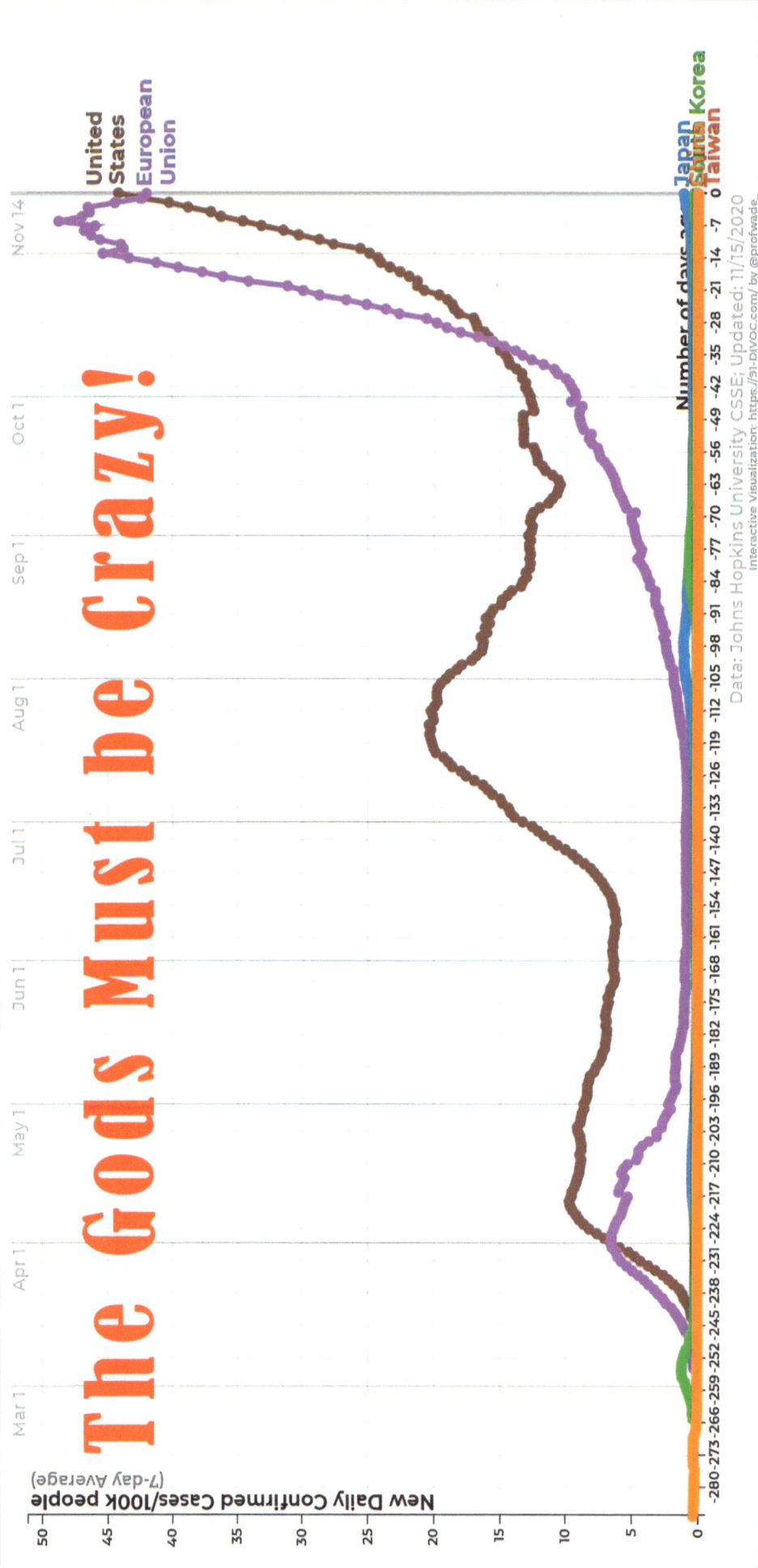

The Gods Must be Crazy!

New Daily Confirmed Cases/100k people (7-day Average)

United States

European Union

Japan
South Korea
Taiwan

Number of days

Data: Johns Hopkins University CSSE; Updated: 11/15/2020
Interactive Visualization: https://91-Divoc.com/ by @profwade_

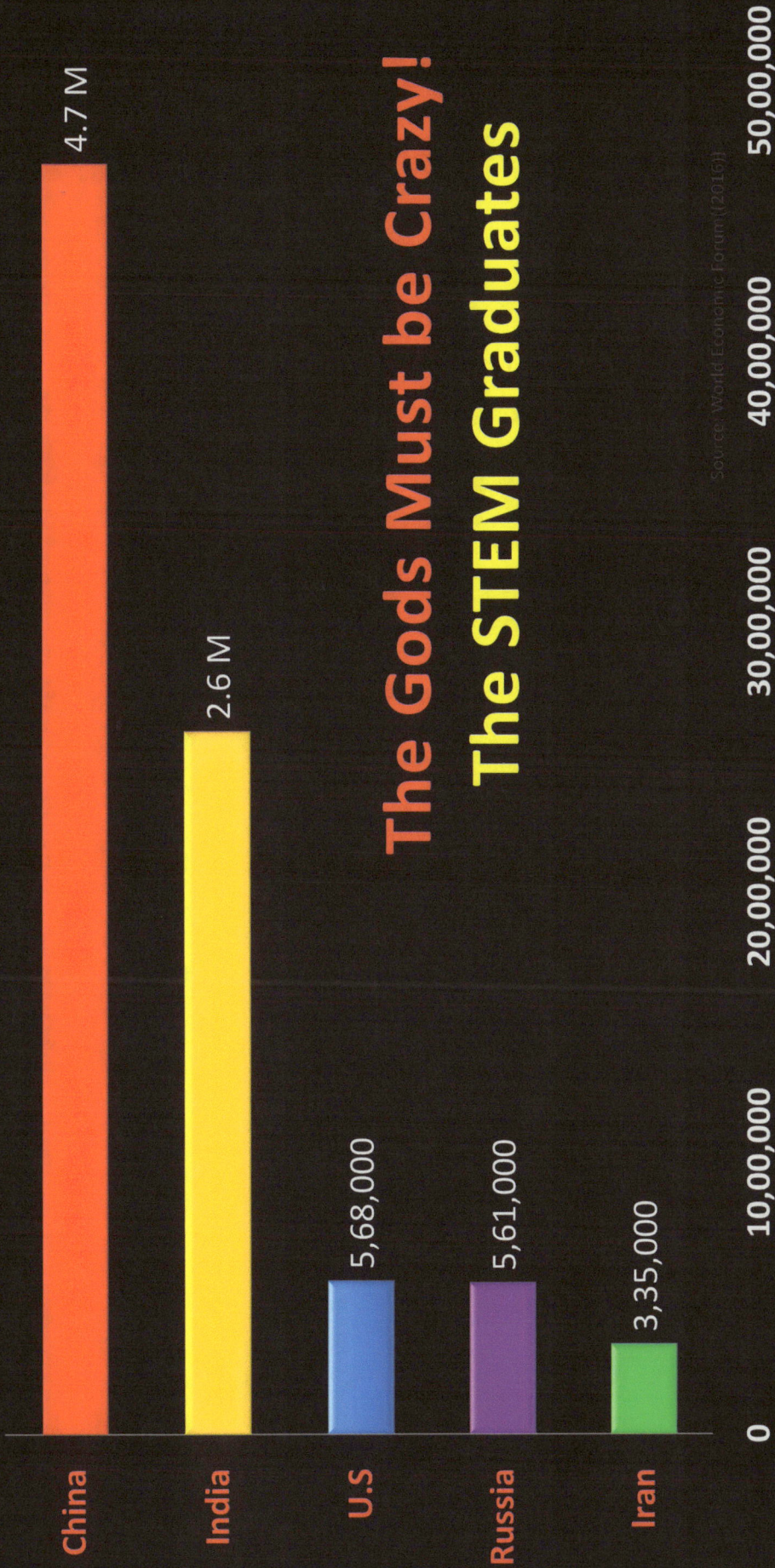

The Gods Must be Crazy!
The STEM Graduates

Source: World Economic Forum (2016)

Country	STEM Graduates
China	4.7 M
India	2.6 M
U.S	5,68,000
Russia	5,61,000
Iran	3,35,000

Gevorderde kennis

Volgens de OESO is het financiële budget van de VS voor universiteiten groter dan bijna elk ander land. Deze decadentie, zoals de "manie voor atleten en sport" zonder enig rendement op de investeringen, wordt vaak beschreven als educatieve waarde[27]. Helaas studeren er aanzienlijk minder ingenieurs af per jaar in de Verenigde Staten dan China of zelfs India. China heeft 35 jaar geïnvesteerd in het opbouwen van een patentensysteem. Volgens de World Intellectual Property Organization (WIPO), van de Verenigde Naties, zijn de Chinezen verantwoordelijk voor bijna de helft van alle patentaanvragen ter wereld in 2018, met 1,54 miljoen aanvragen (tegenover minder dan 600.000 door de VS), met name rondom telecom- en computertechnologie.

In 2017 en 2018 stuurde de VS meer dan 11.000 studenten naar China[28] voor laaggeschoold onderwijs. Chinese studenten daarentegen staan voor meer dan 30% van alle internationale studenten die in de Verenigde Staten studeren (363.000 studenten) voor high-tech masters, PhD's en andere diploma's binnen prestigieuze Amerikaanse instituten. China bouwde in 2013 elke week een nieuwe universiteit, en 40% van hun studenten studeerde af in een STEM-richting (technische onderwerpen), twee keer zoveel als in de VS. Volgens deze schattingen zal het aantal Chinese STEM-afgestudeerden met ongeveer 300% toegenomen zijn in 2030.

Geavanceerde kennis is historisch gezien één van de drijvende factoren in de groei én in de neergang van grote rijken en de bijbehorende ondernemingen. Kennis is de basis van een gemeenschap, en is de aandrijving voor de meeste gebieden. Volgens het PISA 2015 rapport, stond de VS consistent in de onderste 15 procent in de ontwikkelde wereld[29]. Ondermaats onderwijs zorgt voor een gebrek aan mogelijkheden en een ongelijke samenleving. Deze ongelijke behandeling leidt tot sociale onrust, wat weer ernstige schade oplevert voor de economie en bedrijvigheid.

Als een resultaat daarvan, is één op de drie volwassenen in de VS minstens één keer gearresteerd tegen de tijd dat ze 23 jaar oud zijn. Alhoewel de Verenigde Staten slechts 4,4% van de wereldbevolking bevat, zit 20% van gevangenen ter wereld in de gevangenis in de VS. *Zwarte mannen hebben zes keer zoveel kans om in de gevangenis te eindigen dan witte mannen.*[30] Deze ongelukkige statistieken zijn dan ook de oorzaken van protesten en rellen die regelmatig voorkomen.

Als we echte vrede in deze wereld willen bereiken, moeten we beginnen met het opvoeden van kinderen.

——————— Mahatma Gandhi ———————

Kapitalistisch systeem

Een vis begint te stinken vanaf de kop. De uitspraak van het Amerikaanse Hooggerechtshof over Citizens United, op 21 januari 2010, was de laatste nagel in de kist van het kapitalistische model van Roosevelt. Het oordeel over Citizens United opende de deur voor onbeperkte verkiezingsdonaties door bedrijven. De meeste van deze bijdragen worden geregeld via intransparante politieke groeperingen, die bekend staan als super-PAC's (Political Action Committees).[31]

Onzin die voltrokken wordt in het Amerikaanse politieke moeras (Washington DC) en Wall Street maken belastingvoordelen mogelijk, bailouts voor bedrijven en bonussen voor zakelijk leiders die de kip wurgen die de gouden eieren legt (hun bedrijven), via het terugkopen van aandelen en extreme financial engineering. Van 2009 tot 2019 gaf American Airlines $13 miljard uit aan buybacks van aandelen, terwijl hun normale cashflow in die periode negatief was. De zes grootste Amerikaanse airlines investeerden $47 miljard van gegenereerde $49 miljard in buybacks van equity in die periode.[32] Vandaag de dag gaan nietsvermoedende belastingbetalers door met het redden van dergelijke individuen en financial engineering zal hier vast binnenkort van weten te profiteren, waardoor ze rampen om kunnen zetten in bonussen.

"De kapitalisten zullen ons het touw verkopen waarmee we ze zullen ophangen."

Vladimir Ilyich Lenin

Ondertussen heeft de Chinese overheid biljoenen dollars geïnvesteerd in R&D, nieuwe fabrieken, hun arbeidsbevolking opleiden, en ze financieren om de gevallen engelen van het westen (bedrijven in financiële moeilijkheden) te plunderen. In deze turbulente tijden gaan zelfs Saoedi-Arabische staatsfondsen kneiterhard, met de verkoop van shopping tours langs en het gokken met aandelen in Amerikaanse topbedrijven voor enkele schamele miljoenen dollars. Op deze wensenlijst staat onder meer onze op één na grootste defensie-aannemer, Boeing, die $43 miljard van hun cashflow van $58 miljard uitgeven aan het terugkopen van aandelen, binnen een decennium[33]. Onze wijze leiders verkopen Amerika voor een handvol dollars. Het is een probleem voor de nationale veiligheid. Ze knijpen willen en wetens hun ogen dicht en leiden de onwetende kiezers of door rot vlees naar ze te gooien.

"Buybacks zijn het belangrijkste voorbeeld van een toenemende mate van incompetentie onder CEO's en besturen."

"Jan Modaal wordt steeds armer. En op dit moment onze CEO's niet, en besturen die verschrikkelijk slecht beleid maken ook niet. Mensen wel.

"Wat we gedaan hebben is op ongelijkmatige wijze slecht-presterende CEO's en besturen ondersteunen, en je moet deze mensen juist wegjagen."

"Om even duidelijk te maken waar we het over hebben. We hebben het hier over een hedge fund dat een aantal kantoren van miljardenfamilies bedient.

Wie maakt dat iets uit? Ze kunnen niet hun zomer in de Hamptons doorbrengen?"

"Het zou beter zijn wanneer de federale overheid een half miljoen aan elke man, vrouw en kind in het Verenigde Staten had gegeven."

Chamath Palihapitiya interview in CNBC (Miljarden-investeerder en de voormalige Vice-President van User Growth bij Facebook)

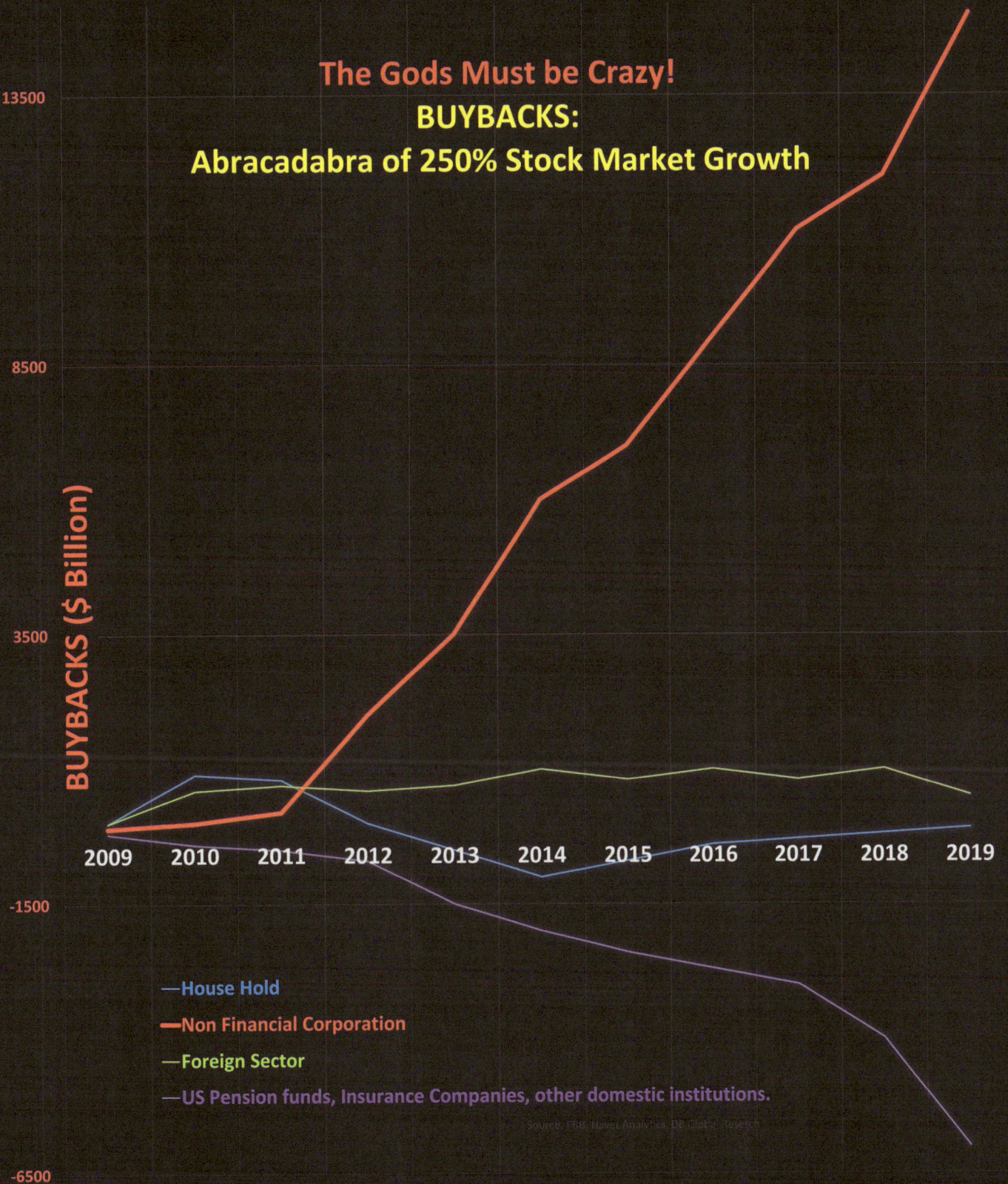

The Gods Must be Crazy!
BUYBACKS:
Abracadabra of 250% Stock Market Growth

BUYBACKS ($ Billion)

13500

8500

3500

-1500

-6500

2009 2010 2011 2012 2013 2014 2015 2016 2017 2018 2019

—House Hold
—Non Financial Corporation
—Foreign Sector
—US Pension funds, Insurance Companies, other domestic institutions.

Source: FRB, Haver Analytics, DB Global Research

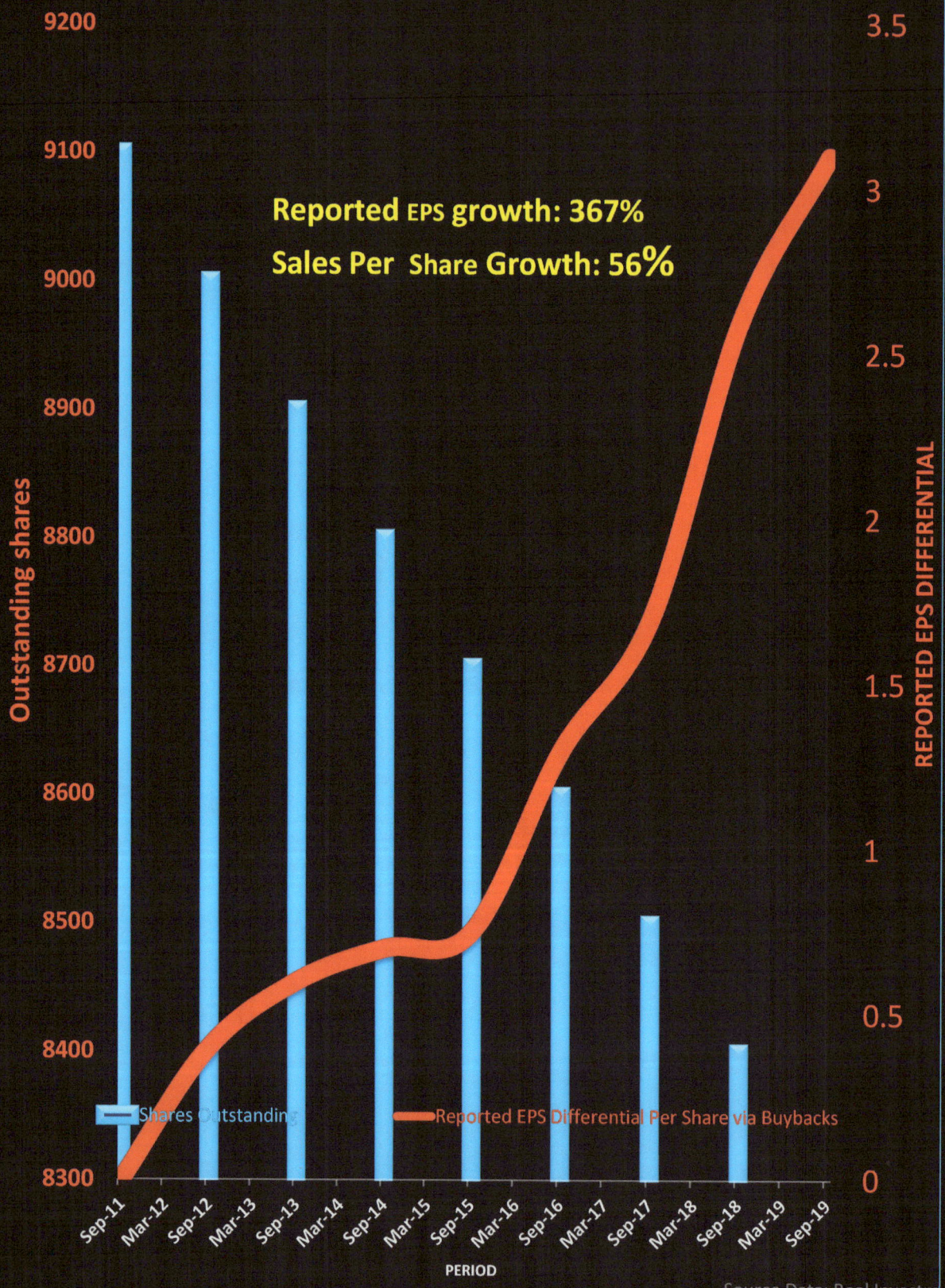

The Gods Must be Crazy!
BUYBACKS: The Accounting Gimmick!
Catacomb of Capitalism?

Reported EPS growth: 367%
Sales Per Share Growth: 56%

Shares Outstanding — Reported EPS Differential Per Share via Buybacks

Source Data: Real Investm

De VS is de enige ontwikkelde economie waar het gemiddelde inkomen van de onderste helft van de bevolking afgenomen is in de laatste dertig jaar. President Trump maakte bij de verkiezingen in 2016 handig gebruik van deze witte arbeidersklasse die vol wanhoop en teleurstelling zit. Naast dat er onnodig bloed verspild werd, heeft Amerika 5 biljoen dollars opgemaakt aan het vechten in religieuze stammenoorlog in de woestijnen van het Midden-Oosten, waar enkele mensen erg rijk van zijn geworden. Elke burger in de armste helft van de Amerikaanse bevolking had ook een gift van $30.000 kunnen krijgen, in plaats van deze oorlogen. In tegenstelling heeft de armste 50% in China juist de beste dertig jaar in 3000 jaar gehad. Ongeveer 800 miljoen Chinezen zijn bevrijd uit armoede. Miljoenen Amerikaanse gezinnen uit de middenklasse zijn juist naar de onderkant van de piramide geduwt, waar ze afhankelijk zijn van voedselbonnen en andere hulp van de overheid.

Roosevelt bouwde een meritocratisch systeem, dat uiteindelijk een soort plutocratische Zamindar[35] werd, een systeem waarvan de tentakels tot ver reikten. Waar China wordt geleid door de beste ingenieurs en juist richting een meritocratisch systeem gaat, zijn onze leiders bezig om de ontevreden onderbuik van onze samenleving uit te buiten, en verkiezingen te winnen door ze de restjes uit het vuilnis toe te werpen. Het Chinese systeem kan de Communistische Partij niet veranderen, maar de Partij kan wel hun beleid strategisch veranderen om maximaal in te zetten op de langetermijnbelangen van het land. In de VS kunnen mensen van partij veranderen bij elke verkiezing, maar we blijven helaas vastzitten aan het verouderde, bekrompen "Hara-kiri" beleid van enkele specifieke belangengroepen. De regelgebaseerde moraal en het ethische kapitalistische systeem dat de Roosevelts ontwikkeld hebben, heeft in de afgelopen 75 jaar een heel reservoir aan goodwill opgebouwd, zowel in Amerika als bij bevriende landen. Helaas laat de VS die voorraad snel leeglopen, zowel thuis als in het buitenland, met het bizarre kortetermijnbeleid.

De radicale en orthodoxe vorm van kapitalisme, die vandaag de dag aangehangen wordt door losgeslagen financial engineers, leidt tot een schuldenval, die voor economische kolonisatie zorgen, en populisme, imperialisme, fascisme, rellen, opstanden, revoluties, oorlogen, conflicten en anarchisme in de hand werken. Zoals we gezien hebben in de voorverkiezingen in de VS, waren presidentskandidaten zoals Bernie Sanders en Elizabeth Warren niet in staat om socialisme te preken (het herverdelen van rijkdom en tegelijkertijd de democratie bewaren).

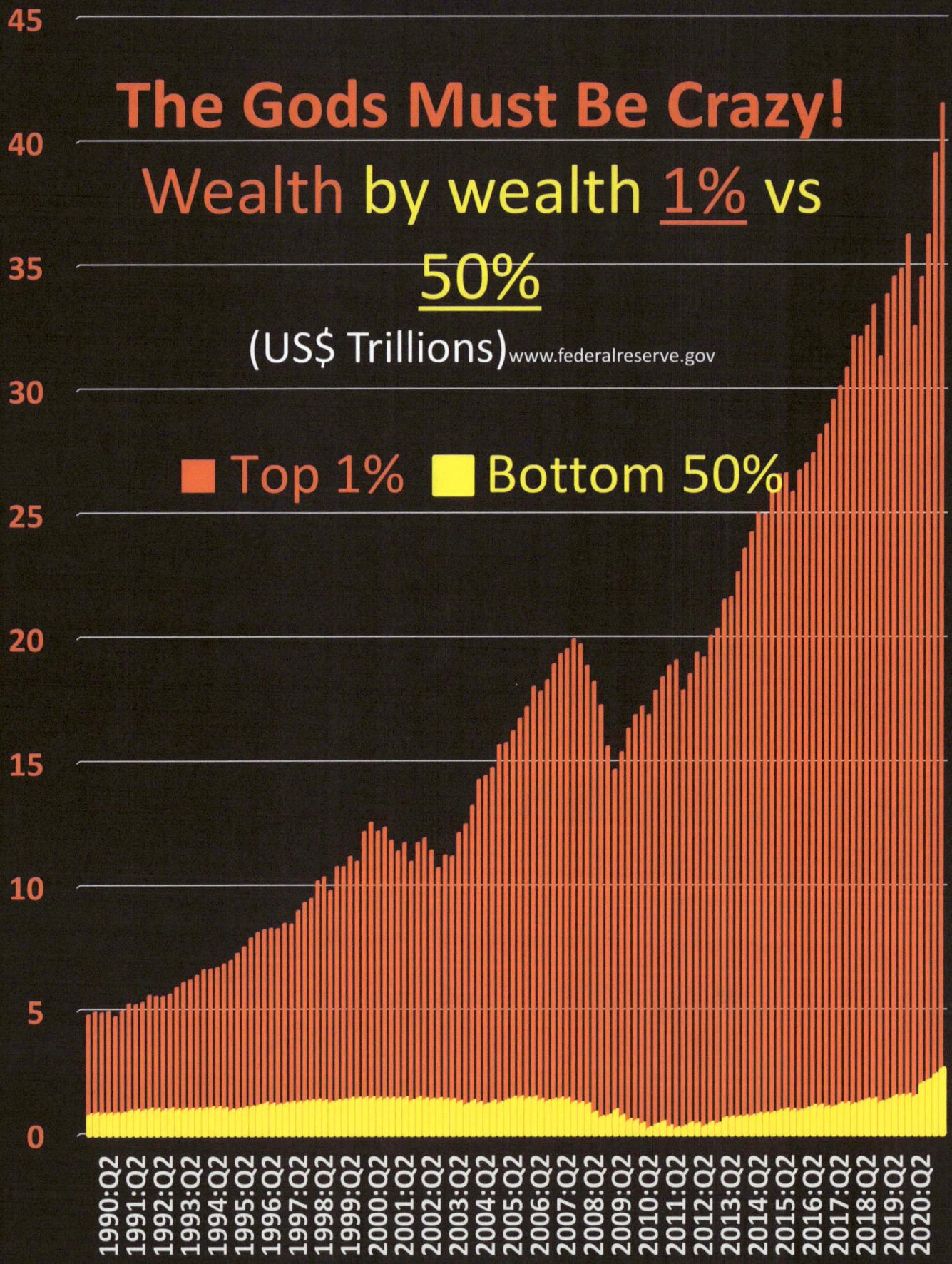

The Gods Must Be Crazy!
Wealth by wealth 1% vs 50%
(US$ Trillions) www.federalreserve.gov

Top 1%   Bottom 50%

Sommige ontgoochelde extremistische ideologen van de verre linkervleugel zullen doorslaan naar communisme (het nagenoeg volledig gelijk verdelen van rijkdom), zoals gezien in Venezuela, Zimbabwe, en Noord-Korea. Minstens zo zorgwekkend is dat veel mensen aan de rechterkant van het spectrum zich zullen ontwikkelen tot fascistische milities (autocratische staatsgestuurd capitalisme), zoals het geval was bij het Derde Rijk (Nazi-Duitsland), fascistisch Italië, en het Keizerrijk Japan in de jaren 20 en 30 van de vorige eeuw.

"Zwarte Zwaan" versies van extreme gebeurtenissen, zoals Covid-19, die plaatsvinden tijdens tijden van kwetsbaarheid (en deze daardoor verergeren), zorgen ervoor dat de zelfversterkende neerwaartse spiraal aanzienlijk versneld wordt. Een tweede burgeroorlog in Amerika dreigt al sinds de economische crisis van 2008, die voor enorme verschuivingen van rijkdom zorgde. De Covid-19 pandemie, protesten van Black Lives Matter, en de daaropvolgende rellen zijn olie op het vuur van wat eerst slechts gloeiende kooltjes waren. Wanneer dit niet goed beheerd wordt, zal dit zich als een wereldwijde bosbrand verspreiden, zoals dat ging bij de Arabische Lente, en zo het begin van een apocalyps vormen.

Extreme financial engineering

Dankzij een aantal Gordon Gekko's[36] in het Elysium[37], is de overgrote meerderheid van de mensen financieel aan het lijden. Het is het hoogtepunt van de illusie die bestaat uit de zogenaamde globalisering en het kapitalisme van Roosevelt. **Er zijn genoeg mensen die hier schuldig aan zijn, te beginnen met mij.**

"De momenten waarom kapitalisme het meest schittert, is het moment van crisis[38]," en het is zonde om een crisis te verspillen. De VS werden een kapitalistische supermacht omdat Roosevelt de Eerste en Tweede Wereldoorlog, de Spaanse griep, de Grote Depressie en andere crises in kansen omzette door het Britse rijk te verslaan, dat hun mojo kwijtraakte. China zit nu in een vergelijkbare situatie. 11 september 2001, en met name de economische tsunami van 2008, boden Amerika geweldige mogelijkheden om voordeel te halen uit de Amerikaanse militaire macht, reserve-munt, politieke goodwill, en nog vele andere hulpmiddelen.

Maar onze lobbyisten in het moeras dat Washington DC heet, hebben de mogelijkheid weten te kapen, en gebruikt om door te kunnen gaan met hun Wall Street-fratsen (die de problemen überhaupt al hadden veroorzaakt), in plaats van te investeren in onze kritieke infrastructuur, die snel afbrokkelt.

Helaas namen de BIG4 consultants en accountantskantoren, enz. de parasitaire route, in plaats van in te zetten op de geweldige wereldwijde kansen. Deze kansen werden geframed als kwetsbaarheden; de toekomst en mogelijkheden werden kostenposten in plaats van winstgevende kansen. Ze waren volledig geoefend in de praktijk van extreme orthodoxe financial engineering. Ze gingen door met het geselen en uitpersen van het verzwakte kapitalistische paard voor een paar dollar, en verhuisden al het toekomstige kapitalisme naar het oosten. Deze plannen omvatten herseloze benchmarking, transformaties (ICT, financiën, logistiek, enz.), tax-effective supply chain management (TESCM), uitbesteding van bedrijfsprocessen, contractproductie, uitbesteden van onderzoek en ontwikkeling, herstructurering, en meer. Dit heeft onherstelbare schade toegebracht aan de veerkracht van ondernemingen. Het eindresultaat is een dood bedrijven-paard.

Parasitaire aasgierenfondsen, zakelijke piraterij, en private-equitybedrijven maakten van de gelegenheid gebruik om de weinige overgebleven ondernemingen met goede balansen juist te plunderen en al het weinig achtergebleven bloed eruit te zuigen door ze te belasten met kortlopende schulden met hoge rentes. En zelfs wanneer de leeggeroofde onderneming dan omviel, streken de parasitaire private-equitybedrijven nog bloedgeld op dankzij de vooraf betaalde vergoedingen en uitgestelde rente.

In plaats van het te zien als een kans om te herinvesteren in hun eigen ondernemingen, zagen de leiders van decadente Amerikaanse bedrijven en hun vriendjes in de raden van bestuur het als een kans om het geld op de goede balansen achterover te drukken door het terugkopen van eigen aandelen, en zo zichzelf te verrijken. Net als bij de economische tsunami van 2008 hebben belastingbetalers deze zombiebedrijven gered, door het financiële wangedrag in DC, wat resulteerde in de privatisering van de winsten en de socialisering van de verliezen, zodat de belastingbetaler de kosten draagt.

Volgens SBA zijn kleinere bedrijven 99,7% van de werkgevers in de VS, en creëren ze 64% van de netto nieuwe banen in de private sector[39]. Al binnen enkele weken van 2020 is 25% van de kleine bedrijven gesloten, waardoor bijna 40 miljoen Amerikanen werkloos zijn geworden. En de grote vraag is wat er aan definitieve faillissementen zal komen.

Opportunistische business schools uit de Ivy League moeten hun aandeel in de verantwoordelijkheid aanvaarden in het lynchen van de verzwakte kapitalistische basis die door de Roosevelts, Teddy, Franklin en Eleanor, is gebouwd. De universiteiten waren leveranciers van de ideeën en het professionele wangedrag van deze extreme aasgieren op het gebied van financial engineering. Veel alumni van Ivy League business schools en veelbelovende professionals die financiële dromen najagen, komen terecht op Wall Street of bij een van de bedrijven van de BIG4. Voor slechts een paar extra centen, komen veel van de beste ingenieurs ook uit bij deze praktijk van financial engineering.

Maar *wat hebben we aan Wall Street?* Veel van wat investment bankers doen heeft geen maatschappelijke waarde, en kan zelfs gevaarlijk zijn voor zowel de VS als de wereldwijde economie. Welke tastbare bijdrage ontwerpen, bouwen of verkopen ze, behalve ingewikkelde, giftige financiële producten? Wall Street is volledig losgeslagen van de realiteit van de meeste Amerikanen. Ze hebben de economie op de knieën gedwongen, door bedrijven te maken die *Too Big to Fail* zijn, te groot om om te vallen, waardoor de risico's en verliezen zijn gesocialiseerd, en de winsten geprivatiseerd. Ze hebben allerlei afgeleide producten en andere massavernietigingswapens bedacht, en moedigden het nemen van vertekende risico's aan in een gemanipuleerde markt.

Zoals te zien is in de grafiek, is tweederde van de inkomsten van de BIG 4 afkomstig van werk in auditing en belasting. Auditpraktijken voeren de autopsie uit op de historische cijfers en voorkomen problemen de naleving van interne en externe regelgeving. De belastingpraktijken helpen klanten ook om te profiteren van mazen in de belastingwetgeving, belastingontwijking, postbusfirma's (offshore belastingparadijzen), TESCM (Tax Effective Supply Chain Management) en andere praktijken die problematisch kunnen zijn voor de gewone belastingbetaler. Een aanzienlijk deel van de adviespraktijken bestaat uit financial engineering. In hoeverre zorgen de instellingen in de Ivy League voor het greenwashen van Maatschappelijk Verantwoord Ondernemen(MVO) en de ethische toekomst van bedrijven en van Amerika? Of kunnen ze alleen de termieten zijn die het fundament aanvreten en verzwakken?

> *"Tussen 2009 en 2015 kregen de 50 grootste Amerikaanse bedrijven meer dan $423 miljard aan belastingvoordelen en besteedden ze meer dan $2,5 miljard aan het lobbyen bij het Amerikaanse Congres om hun winsten nog verder te verhogen."*

Oxfam America

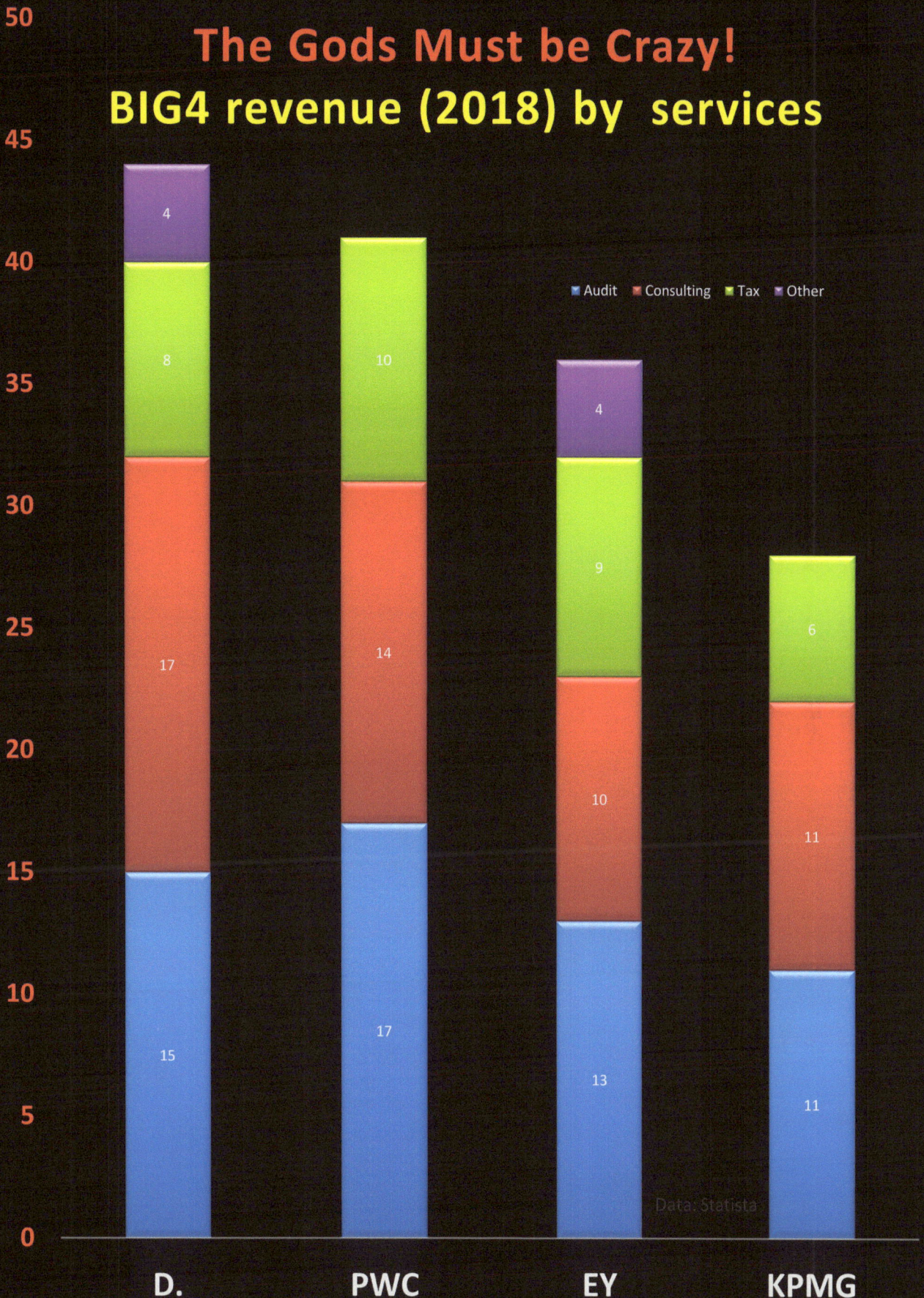

The Gods Must be Crazy!
BIG4 revenue (2018) by services

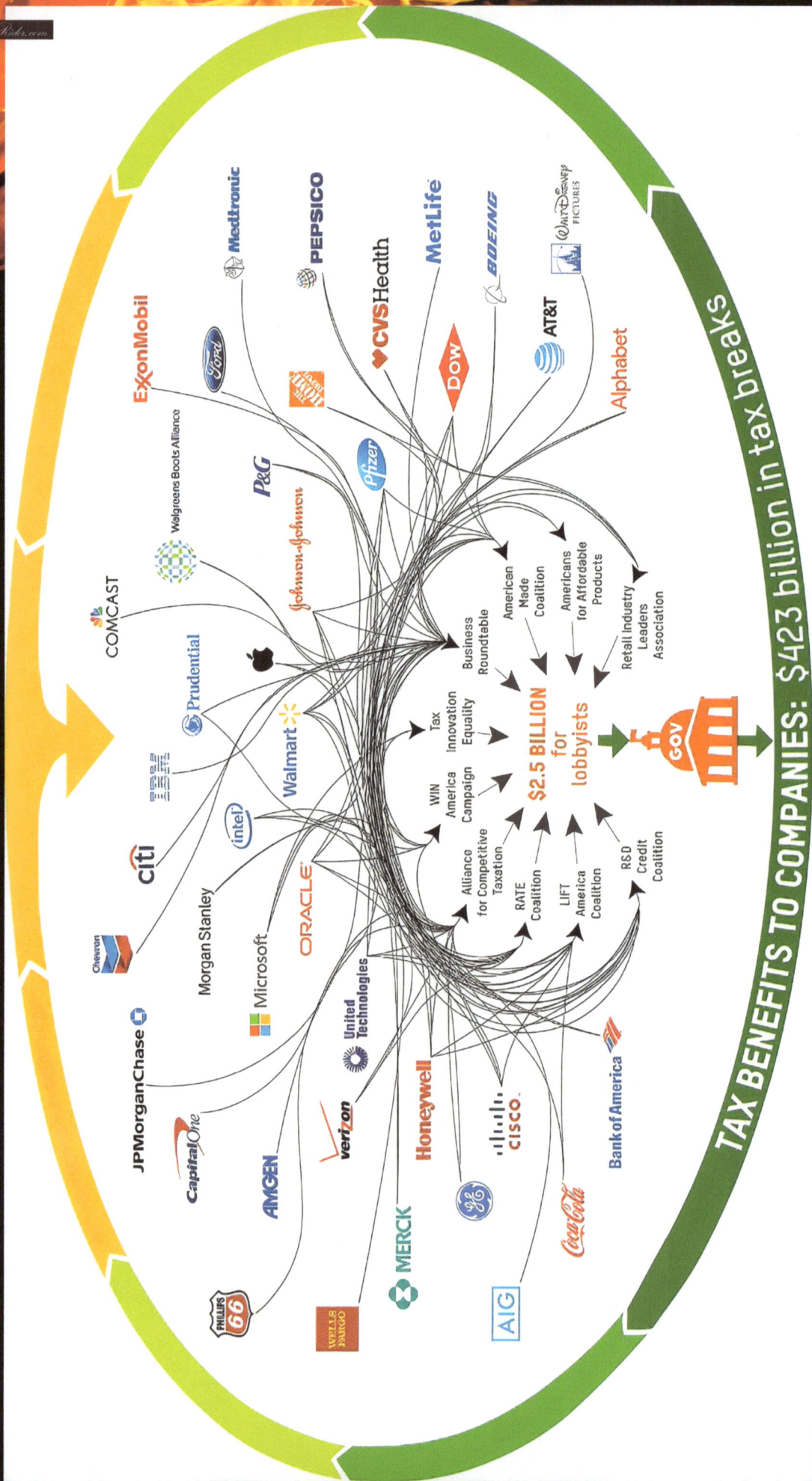

TAX BENEFITS TO COMPANIES: $423 billion in tax breaks

$2.5 BILLION for lobbyists

Business Roundtable

American Made Coalition

Americans for Affordable Products

Retail Industry Leaders Association

Tax Innovation Equality

WIN America Campaign

Alliance for Competitive Taxation

RATE Coalition

LIFT America Coalition

R&D Credit Coalition

Elysium[40]

Onze parasieten hebben dus de kapitalistische stichting, ontworpen door Roosevelt, effectief kapotgemaakt. Als resultaat daarvan zien we nu de ondergang van de natie-staat. Als plaatsvervanger zien we de spectaculaire opkomst van een nieuwe klasse van 'Elysium-op-steroiden' die de ingestorte fundamenten van het kapitalistische systeem van Roosevelt aan stukken hakken.

Door innovatie in te perken en de democratie te kapen, worden groepen als FAANG (Facebook, Amazon, Apple, Netflix en Google) de gevaarlijkste kartels ter wereld. En met een gecombineerd marktkapitaal van ongeveer $5 biljoen, bedreigen ze de meest fundamentele basis van de beschaving.

FAANGM (Facebook, Amazon, Apple, Netflix, Google, en Microsoft) heeft een biljoen (1000 miljard) dollar in marktkapitaal gegenereerd, alleen al in afgelopen jaar. Dat is meer dan de volledige marktwaarde van de S&P500 energiesector. Ondertussen stort de werkelijke, tastbare economie volledig in. Terwijl Wall Street en de techgiganten de tijd van hun leven hebben, volgde de ellende in de rest van de samenleving, die hun slechtste kwartaal in minstens 145 jaar zag.

Een kwart van de wereldbevolking is actief gebruiker van Facebook. Je zou zelfs kunnen beweren dat ze een president van de VS de overwinning hebben bezorgd. In een memo schreef de VP van Facebook, Andrew Bosworth, dat het gebruik van de advertentietools van Facebook door de Trump-campagne verantwoordelijk was voor de overwinning van Donald Trump bij de presidentsverkiezingen van 2016[41]. Dat kan vaker gebeuren. Het zal interessant zijn om te zien wat er met de Amerikaanse dollar gebeurt, wanneer Facebook Amerikaanse burgers koloniseert met hun Libra/Diem Electro-Dollar, een cryptomunt.

> *"Geen publieke discussie, geen samenwerking, valse informatie of onwaarheden. En het is geen Amerikaanse probleem, dit gaat niet over Russische advertenties. Dit is een wereldwijd probleem.*
>
> *Ik denk dat we tools hebben gemaakt die de sociale structuren van de samenleving kapot maken. De korte-termijn feedbackloops die op dopamine functioneren, die we hebben gemaakt, vernietigen de manier waarop de samenleving werkt. Je wordt geprogrammeerd.*
>
> *"Ik voel me enorm schuldig. Achterin de diepste krochten van onze geest, wisten we enigszins dat er iets mis kon gaan.*
>
> ——— Chamath Palihapitiya ———
> (Miljardair, investeerder en voormalige Vice-President van Facebook voor de afdeling User Growth)

Viva la Wall Street!

Ooit was New York het financiële centrum van de wereld, omdat de VS de economische leider van de wereld was. China heeft hun zakelijke centrum in Shanghai gevestigd, en begint de macht van de VS al aan te vreten. Na de piek aan het eind van de jaren 90, is het aantal publiekelijk geregistreerde bedrijven in de VS gestaag afgenomen. Dankzij private equity, fusies en overnames, naast het weglekken van kapitaal, is dit afgenomen van 7000 bedrijven tot minder dan 3000. Ondertussen groeide de Chinese aandelenmarkt van *nul* naar ongeveer 4000 bedrijven, naast de 2500 bedrijven die geregistreerd zijn in Hong Kong.

"We moeten begrijpen dat Chinese bedrijven, deels met steun van staatsfondsen, steeds vaker Europese bedrijven proberen op te kopen, die goedkoop zijn om over te nemen of die in economische moeilijkheden zijn geraakt door de coronacrisis...

China zal in de toekomst onze grootste concurrent zijn, in economische, sociale en politieke zin...

Ik zie China als de strategische concurrent van Europa,

die staat voor een autoritair model van de samenleving,

en die hun macht verder willen uitbreiden en de Verenigde Staten als wereldleider willen vervangen...

Daarom moet de Europese Unie reageren op een gecoördineerde manier, en een eind maken aan de 'Chinese shoppingtour.'"

——— Manfred Weber, ———
(Hoofd van de EPP coalitie in het Europees parlement (NPR News 5-17-20))

Ooit in een grijs verleden, rond 1960, was de Amerikaanse economie ongeveer 40% van het BBP van de hele wereld. Maar helaas, zoals we hebben gezien, is dit inmiddels afgenomen tot 15%, gecorrigeerd voor koopkracht (PPP). Ondertussen groeit de economie van China heel hard, en is inmiddels 20% van het wereldwijde BBP. Onze enorme, domme hebzucht heeft alle goodwill verspeeld. Als we onze zaakjes niet snel op orde krijgen, zijn de dagen van Amerika als rijk en als onderneming geteld – vooral gezien het feit dat we 79,5% van alle wereldhandel controleren doordat de Amerikaanse dollar de status heeft van reservevaluta.[42]

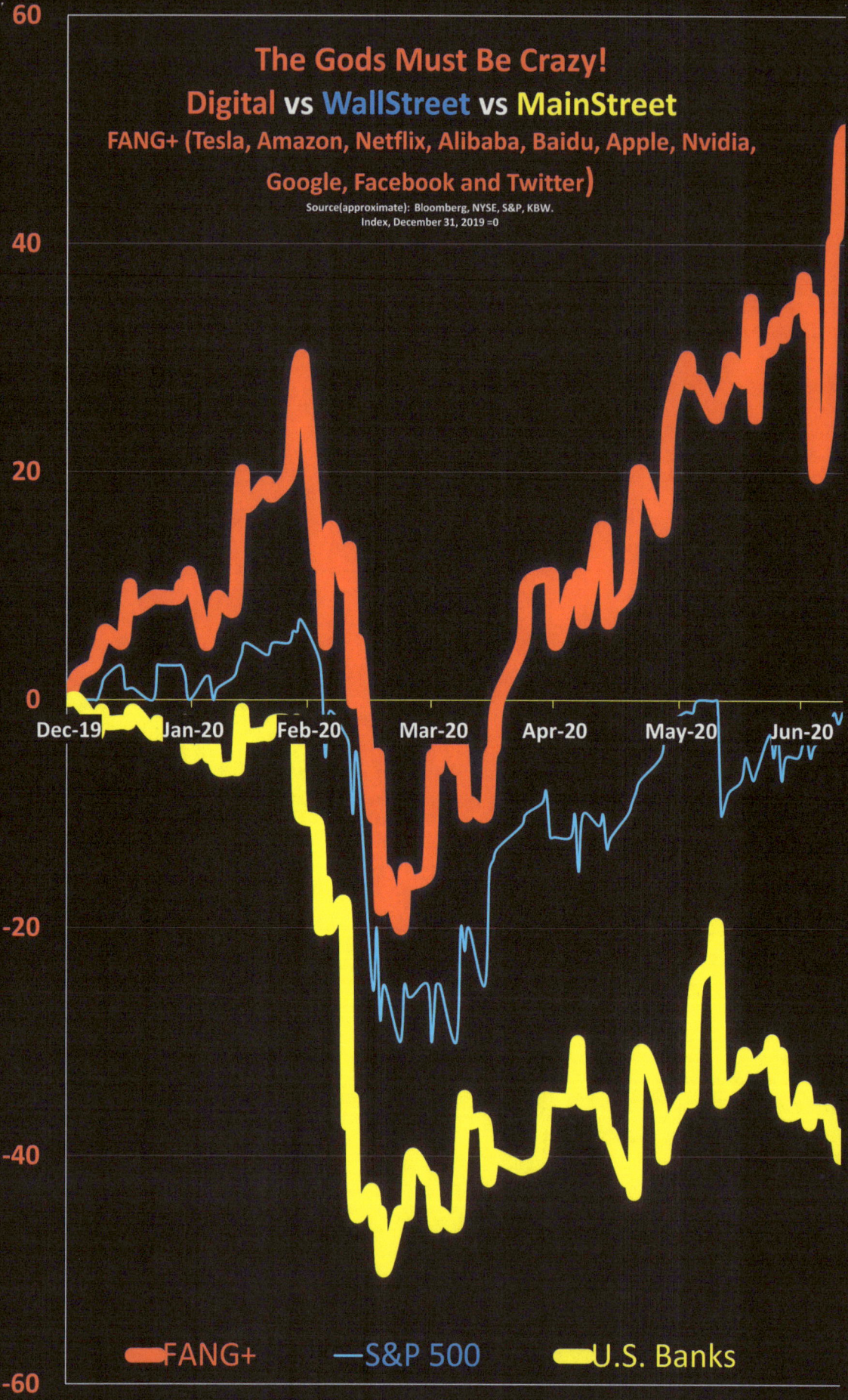

The Gods Must Be Crazy!
Digital vs WallStreet vs MainStreet
FANG+ (Tesla, Amazon, Netflix, Alibaba, Baidu, Apple, Nvidia, Google, Facebook and Twitter)

Source(approximate): Bloomberg, NYSE, S&P, KBW.
Index, December 31, 2019 =0

Legend: FANG+ — S&P 500 U.S. Banks

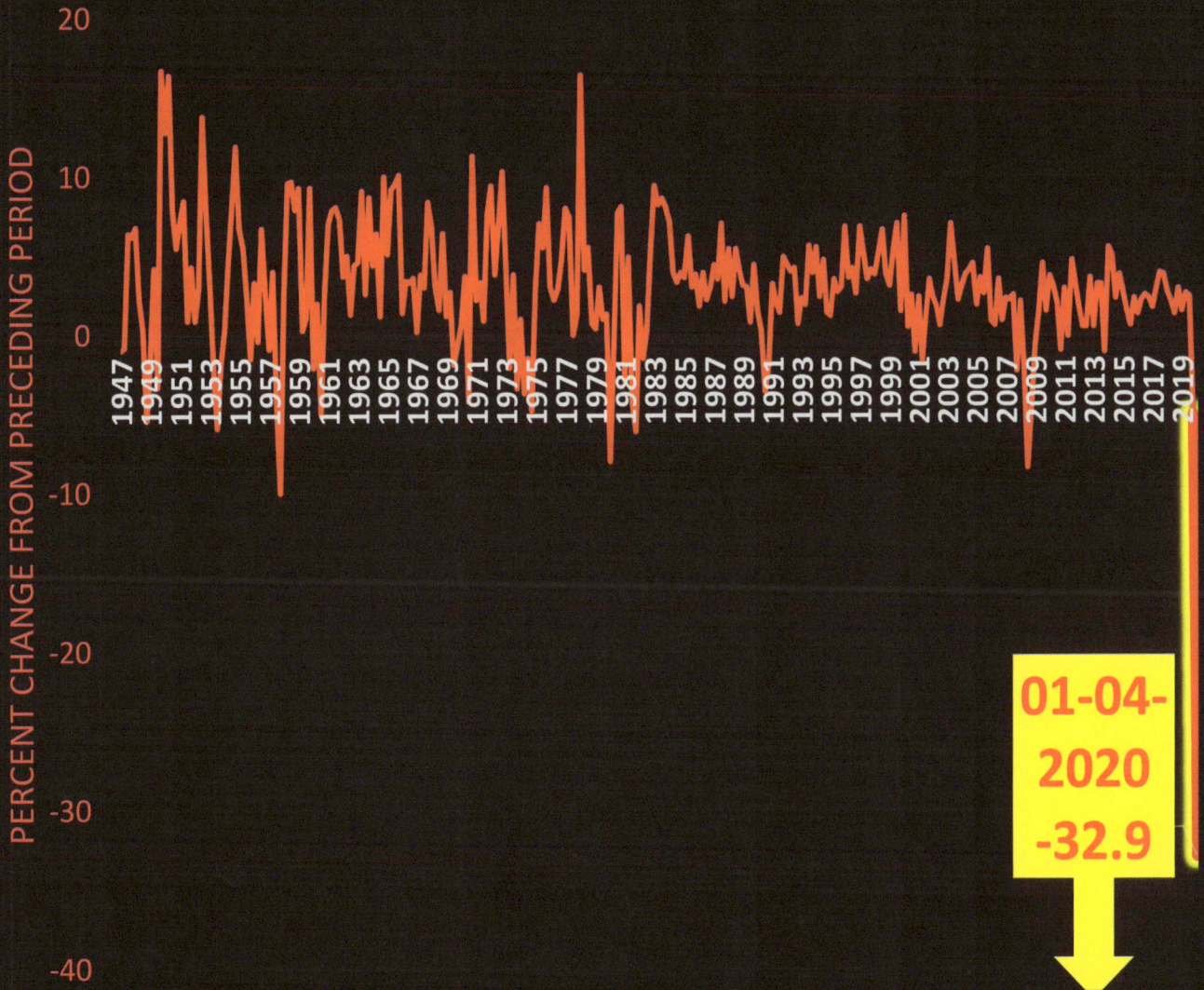

The Gods Must Be Crazy!
Real Gross Domestic Product
Source: U.S. Bureau of Economic Analysis(FRED, Q2 2020)

01-04-2020 -32.9

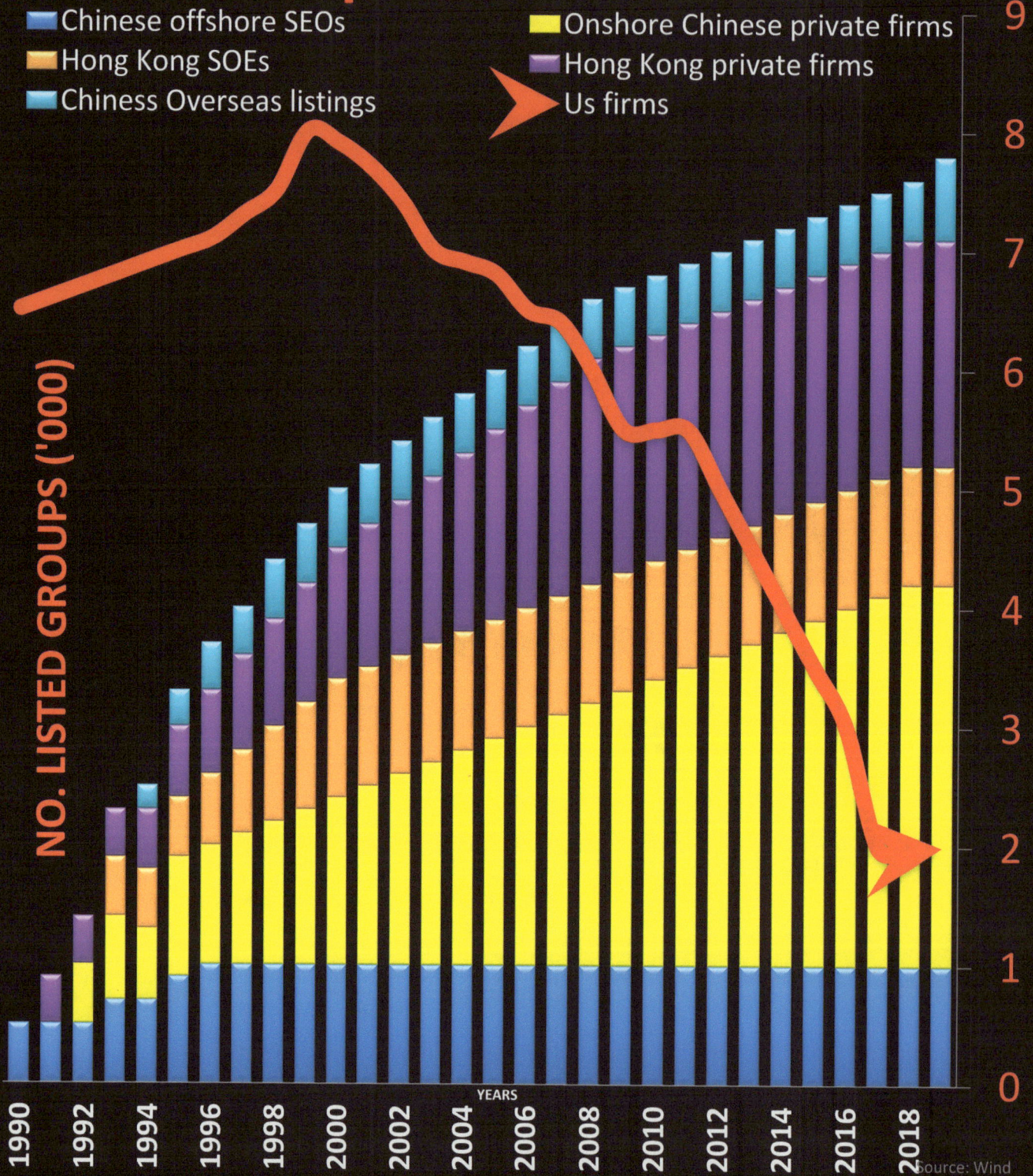

The Gods Must be Crazy!
Catacomb of Capitalism?
US Enterprises Black Hole?

Legend:
- Chinese offshore SEOs
- Hong Kong SOEs
- Chiness Overseas listings
- Onshore Chinese private firms
- Hong Kong private firms
- Us firms

NO. LISTED GROUPS ('000)

YEARS

Source: Wind

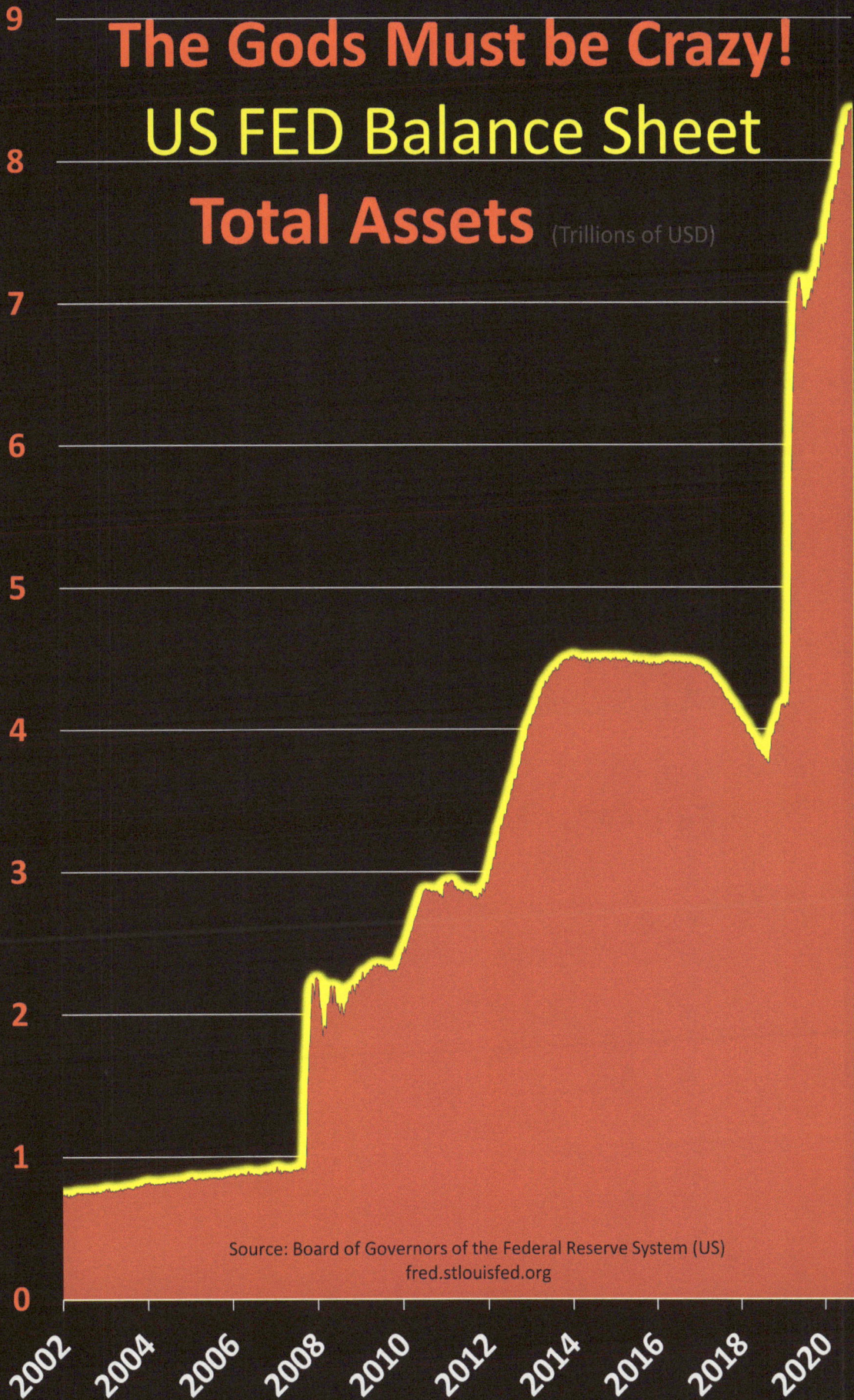

The Gods Must be Crazy!

US FED Balance Sheet

Total Assets (Trillions of USD)

Source: Board of Governors of the Federal Reserve System (US)
fred.stlouisfed.org

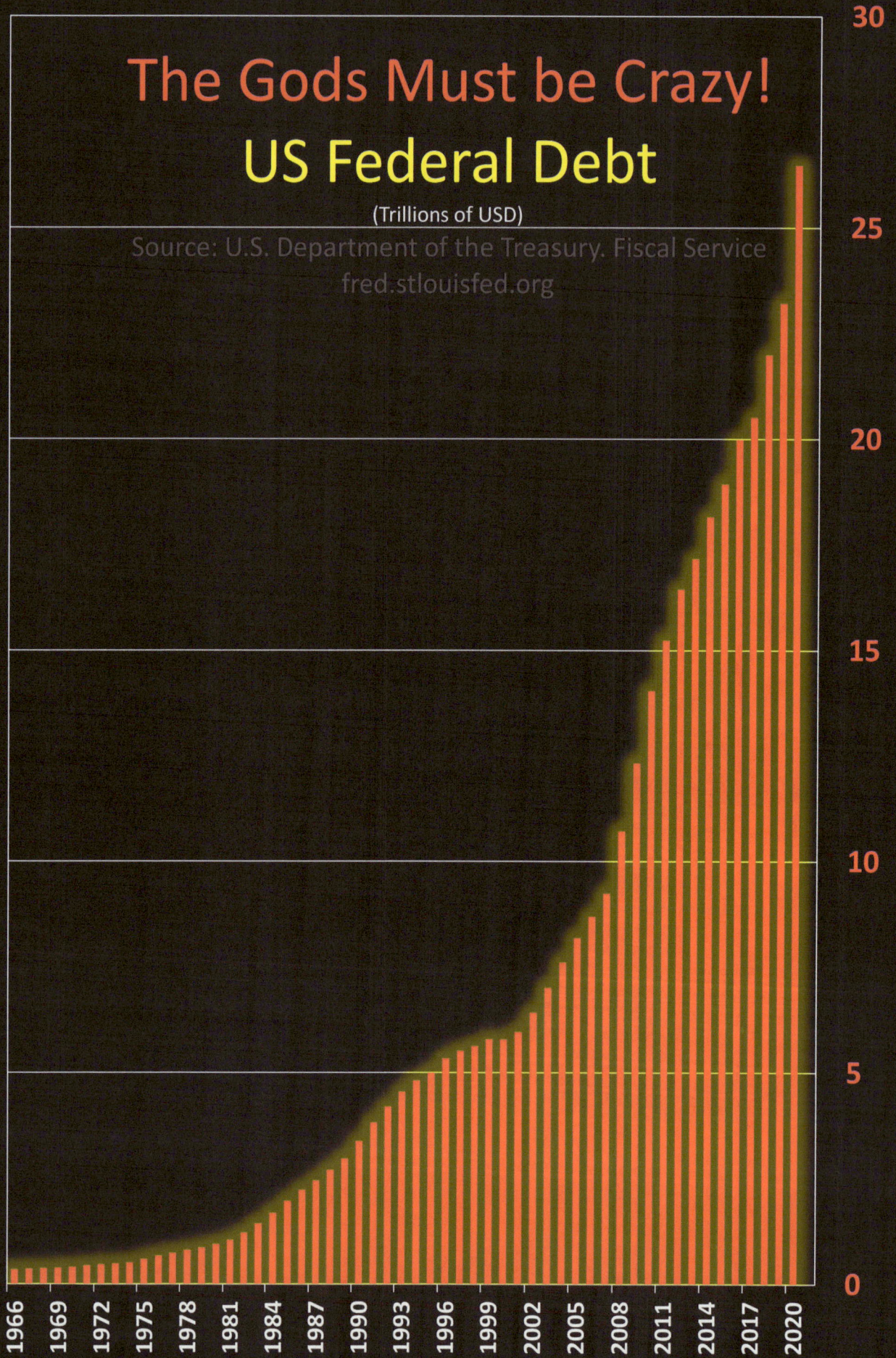

The Gods Must be Crazy!
US Federal Debt
(Trillions of USD)

Source: U.S. Department of the Treasury. Fiscal Service
fred.stlouisfed.org

De wereld van het Vierde Rijk

Samenvattend lijkt de huidige staat van veel ondernemingen op een stel disfunctionele Frankenstein-zombies uit het tijdperk van de Tweede Wereldoorlog, die gerund worden door een top-down *old-boys netwerk* uit de westerse ivoren toren. Maar de wereld is veranderd, en vandaag de dag vindt meeste marktgroei plaats op de plekken waar 96% van de 7,8 miljard mensen leven. De experts uit de ivoren toren hadden het helemaal mis, door alleen naar de top van de piramide te kijken. We moeten het bedrijfsleven opnieuw vormgeven vanuit een bottom-up perspectief.

In de jaren negentig wierp George Soros de Bank of England omver voor £3,3 miljard[43] en veroorzaakte de Aziatische financiële crisis met slechts een fractie van zijn rijkdom[44]. Volgens Oxfam heeft alleen Apple al meer dan $200 miljard in offshore-kapitaal, terwijl de buitenlandse valutareserves van het VK minder dan $180 miljard zijn. De Verenigde Staten houdt minder dan $130 miljard in reserve, terwijl China op een enorme berg van meer dan $3000 miljard zit. Zoals je in de grafiek kan zien, is de balans van de Amerikaanse Federal Reserve ongeveer verdubbeld in minder dan drie maanden tijd, door 3 biljoen in schulden toe te voegen.

Op een gegeven moment zal daarvoor de rekening betaald moeten worden. Hoeveel malafide dollars in de Amerikaanse schuld van $25 biljoen (waaronder Chinese, Russische en Saoedische holdings) zijn er nodig om de westerse kapitalistische onderneming te breken?

Als we het digitale tijdperk van de 22[e] eeuw niet goed ontwerpen, met de "Nieuwe-normaal-bedrijfs-ark-van-Noach", zullen we binnenkort als slaven voor de *man in het hoge kasteel*[45] werken, wat doet denken aan de Netflix-documentaire *'American Factory'*[46]. Het coronavirus kan uiteindelijk heel goed het Trojaanse paard van het Vierde Rijk worden.

DE HUIDIGE STAAT VAN ONDERNEMINGEN

> "Na verloop van tijd kan woede veranderen in blijdschap; ergernis kan worden opgevolgd door tevredenheid. Maar een koninkrijk dat ooit vernietigd is, kan nooit meer terugkomen; noch kunnen de doden ooit weer tot leven worden gewekt. Daarom is een verlichte heerser oplettend en een goede generaal voorzichtig. Dit is de manier om een land vredig en een leger intact te houden."
>
> Sun Tzu - De kunst van het oorlogvoeren (476–221 v.C.)

The Gods Must Be Crazy!

Gaggle of Financial-Engineering Frogs in Debt

Nonfinancial Corporate Business; Debt Securities; Liability, Level (**Trillion $**)

Source: Board of Governors of the Federal Reserve System(FRED, Q1 2021)

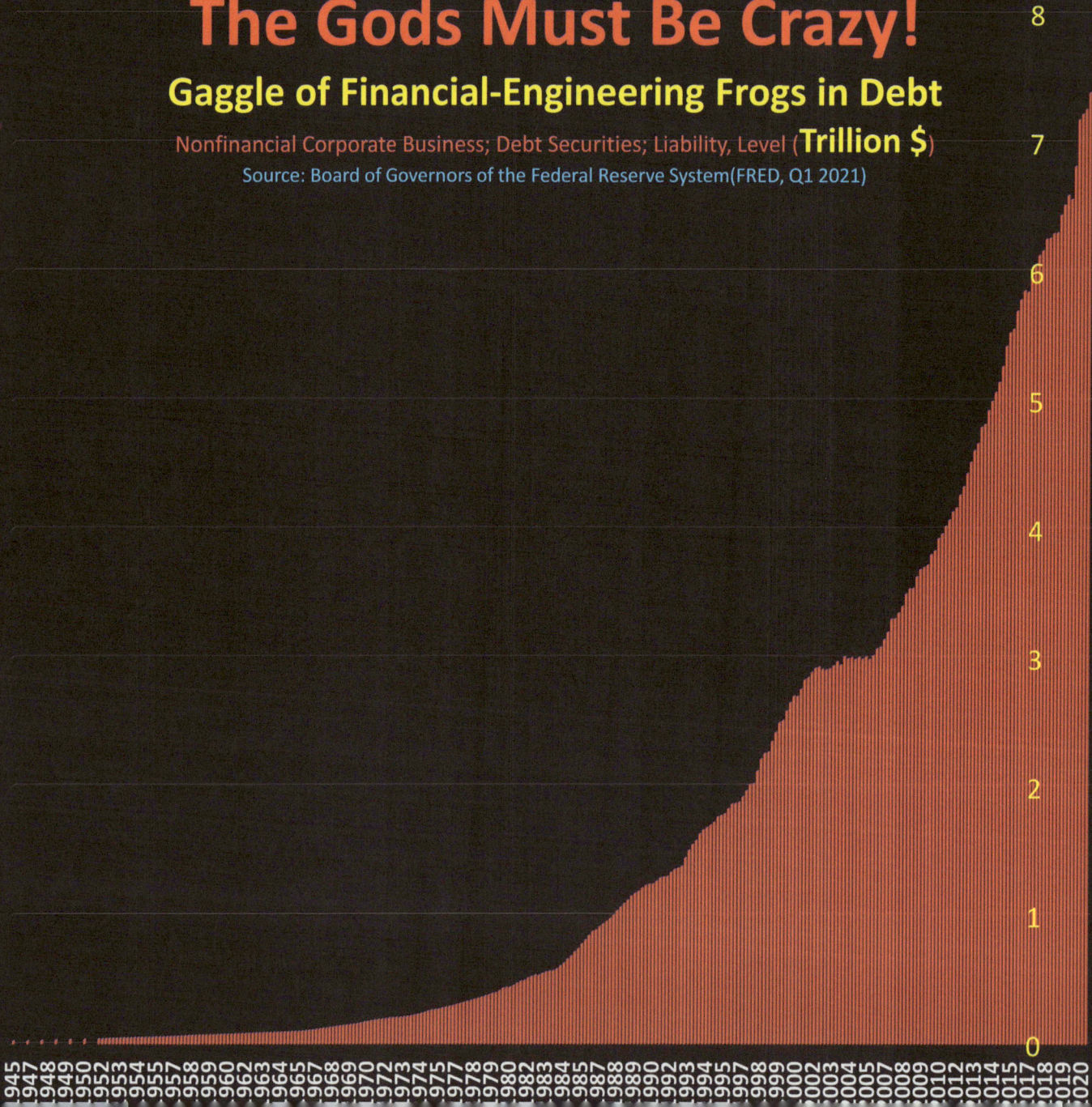

"*Alice: Would you tell me, please, which way I ought to go from here?* **CAT: THAT DEPENDS A GOOD DEAL ON WHERE YOU WANT TO GET TO.** *Alice: I don't much care where.* **CAT: THEN IT DOESN'T MUCH MATTER WHICH WAY YOU GO** " — Alice in Wonderland

Legend

- **Land corridors**
- **Maritime corridors**
- **Railroad lines (existing)**
- **Railroad lines (planned/under construction)**

SILK ROAD
LAND ROUTE

Moscow

KAZA[KH]

Tehran

Rotterdam

Gwa[dar]

Ports with Chinese engagement (existing)

Ports with Chinese engagement (planned/under construction)

RUSSIA

XINJIANG REGION

Mongolia

maty

CHINA

Xian

INDIA

Kolkata

MYANMAR

Kuala Lumpur

SILK ROAD SEA ROUTE

As of 2013, 82% of China's oil imports and 20% of its gas imports pass through the Strait of Malacca

Samengevat, is de huidige staat van ondernemingen een kudde disfunctionele wandelende doden uit het tijdperk van de Tweede Wereldoorlog. Ze worden bestuurd en ondersteund door het top-down old-boys netwerk vanuit een westerse ivoren toren. Maar de wereld is ondertussen verder gegaan en tegenwoordig, zoals eerder genoemd, vindt het grootste deel van de marktgroei plaats op de plekken waar 96% van de 7,8 miljard mensen leven. We hebben een minimaal aandeel en weinig begrip van de situatie, waar China van weet te profiteren door economische en digitale kolonisatie. We moeten de onderneming opnieuw ontwerpen vanuit een bottom-up perspectief. De waarde leiders uit de zalen van de Ivy League vergisten zich door alleen maar naar de top van de piramide te kijken. Als een voorbeeld (op basis van mijn ervaring):

★ Verkopers van zogenoemde slangenolie[47], oftewel wondermiddelen, hebben meer dan 75% van de gebruikelijke ondernemingen opgebouwd. De meeste van deze ondernemers zijn kikkers in een langzaam opwarmende ketel, die hun ontwerp hebben gebaseerd op goedkoop is duurkoop. Dergelijke bedrijven zijn verrot door grote politieke ego's in finance/zaken, ICT, implementatiepartners, offshore-verkopers, Big 4 PPT's, ...

★ Hoe groter het kapitaal (en de bedrijfsgrootte), hoe minder aantrekkelijk het bedrijf

★ >75% van de typische implementaties van ondernemingen zijn *de klos*.

★ >75% van de typische overlevende ondernemingen zijn disfunctionele Frankenstein-zombies bestaande uit fusies en overnames, omgekeerde fusies, inversies, TESCM, BPO, transformaties, ontslagen, outsourcing en andere vormen van buitensporige financial engineering.

★ >75% van de architectuur van de typische ondernemingen dateert van vóór het internet bestond - met andere woorden, deze architectuur komt niet overeen met het digitale tijdperk. ICT, traditionele boekhouding en de meeste zakelijke functies (vooral herhalende taken) staan op het punt geautomatiseerd te worden door AI bots in de cloud. ICT en zakelijke systemen zullen evolueren van Transactioneel -> Operationeel -> Voorspellende Analytics AI bots (automatisering in de cloud).

China besteedt biljoenen dollars om hun quasi-ondernemingen overeind te houden. Ook zijn de doelstellingen voor 2025 die in 2015 waren opgesteld door de CCP (Communistische Chinese Partij), al ruimschoots overtroffen. Ze hebben hun westerse concurrenten al meedogenloos uitgeschakeld via hoogwaardige producten en diensten zoals 5G, technologische infrastructuur, ruimtevaart en halfgeleiders. Ze zijn onafhankelijk van buitenlandse leveranciers voor dergelijke producten en diensten.

Nu is de architectuur van westerse ondernemingen die nog uit de tijd voor het internet stamt, verouderd en in slechte staat. De veerkracht is kwijt en het kan niet concurreren met ondernemingen uit het oosten. We staan nu voor deze uitdagingen vanwege het corrupte systeem in Washington DC, Gordon Gekko's Private Equity en zakelijke plunderaars (sommigen gefinancierd door Chinezen), Twitter-gestuurde Wall Street-algoritmes en de resulterende buitensporige financiële manipulatie.

Onze leiders zijn losgeraakt van de realiteit. Ze wonen in hun ongeschonden tempels van gemanipuleerd kapitalisme en verzinnen vanaf daar allerlei financiële regelingen. In de afgelopen tien jaar schoot de aandelenmarkt omhoog met meer dan 250%, zonder enige productieve groei, en door financial engineering werden de uitstekende balansen misbruikt. Ze hebben de fundamenten van het kapitalisme aan het wankelen gebracht.

"In een scenario van aanzienlijke economische afname,
dat half zo ernstig zo zijn als de wereldwijde financiële crisis, zouden
risicovolle bedrijfsschulden (schulden van bedrijven die niet in staat zijn hun
rentekosten te dekken met hun inkomsten) kunnen oplopen tot $19 biljoen,
oftewel bijna 40 procent van de totale bedrijfsschuld in de grote economieën,
wat hoger dan het niveau tijdens de crisis is."

———————— Global Financial Stability Report, IMF (2019)[48] ————————

Veel van de grote multinationals van vandaag zijn in feite zombie-conglomeraten van fusies en overnames, omgekeerde fusies, inversie, TESCM, BPO, transformaties, ontslagen, outsourcing en andere vormen van buitensporige financial engineering. Veel van deze ondernemingen zullen hun eigen lot bezegelen door toedoen van Chinese IP (Intellectual Property) gieren, zoals te zien in de onderstaande grafiek:

We moeten begrijpen dat Chinese bedrijven, deels met steun van staatsfondsen,
steeds vaker Europese bedrijven proberen op te kopen, die goedkoop zijn om over
te nemen of die in economische moeilijkheden zijn geraakt door de corona-crisis…
China zal in de toekomst onze grootste concurrent zijn, in economische, sociale en
politieke zin.

Ik zie China als de strategische concurrent van Europa, die staat voor een
autoritair model van de samenleving, en die hun macht verder willen uitbreiden en
de Verenigde Staten als wereldleider willen vervangen…

Daarom moet de Europese Unie reageren op een gecoördineerde manier,
en een eind maken aan de 'Chinese shoppingtour.'"

———————————— *Manfred Weber* ————————————
(Hoofd van de EPP coalitie in het Europees Parlement (NPR News 5-17-20))

The Gods Must be Crazy!
Typical Empire Rise & Fall

Excessive Financial Engineering

Resilience Financial Engineering

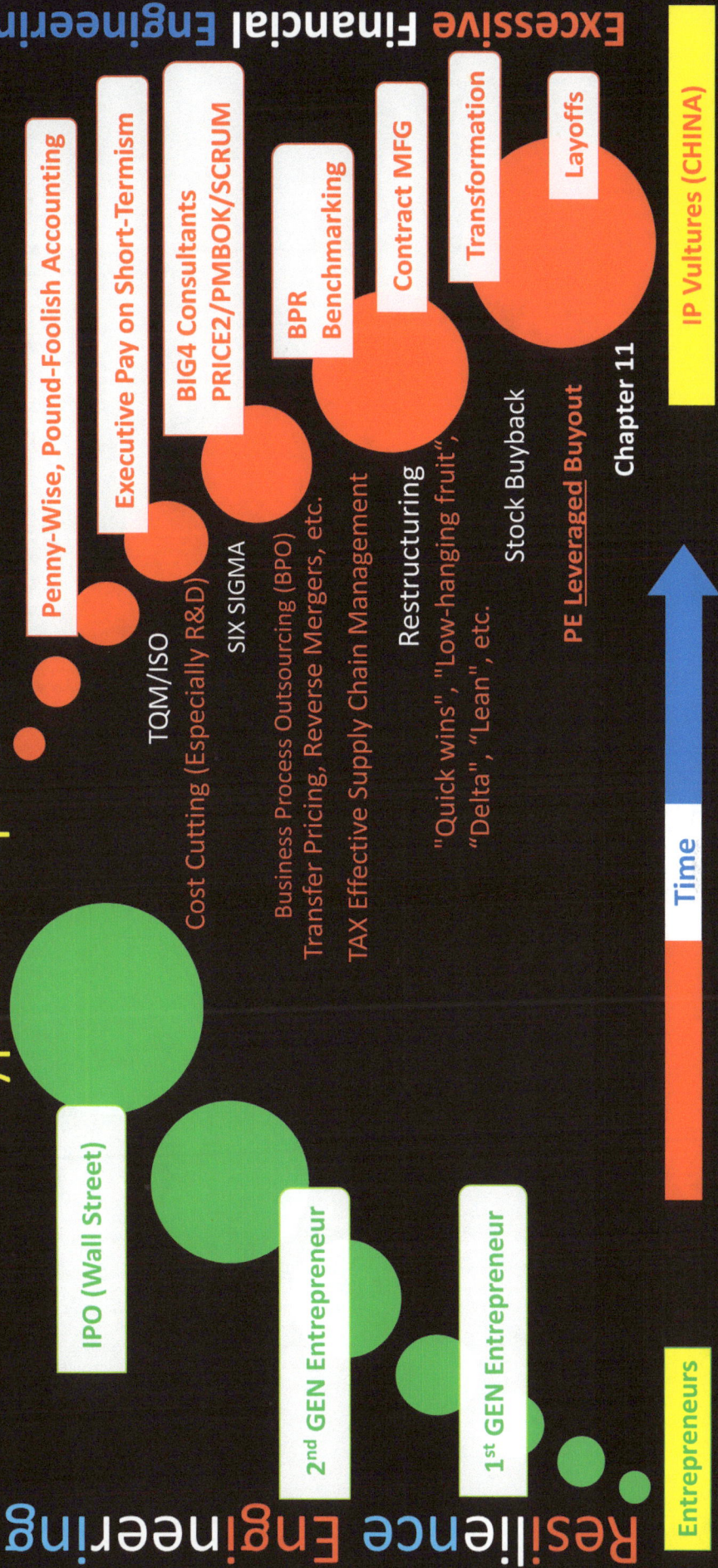

IPO (Wall Street)

2nd GEN Entrepreneur

1st GEN Entrepreneur

Entrepreneurs

Penny-Wise, Pound-Foolish Accounting

Executive Pay on Short-Termism

BIG4 Consultants
PRICE2/PMBOK/SCRUM

BPR
Benchmarking

Contract MFG

Transformation

Layoffs

IP Vultures (CHINA)

TQM/ISO

Cost Cutting (Especially R&D)

SIX SIGMA

Business Process Outsourcing (BPO)
Transfer Pricing, Reverse Mergers, etc.

TAX Effective Supply Chain Management

Restructuring

"Quick wins", "Low-hanging fruit",
"Delta", "Lean", etc.

Stock Buyback

PE Leveraged Buyout

Chapter 11

Time

www.ERM.Mavericks.com

Ay Yi Yai Yi! We are in the middle of The New World Order!

THE GODS MUST BE CRAZY![49]

MIJN REIS VAN HET LAND VAN DE COMMUNISTEN NAAR HET HOOGTEPUNT VAN HET KAPITALISME

"Door de vijand te kennen, kan je het offensief nemen, en jezelf kennen stelt je in staat om je verdediging op te stellen." Hij voegt daaraan toe: "Aanval is het geheim van verdediging; verdediging is het plannen van een aanval."

Sun Tzu - De kunst van het oorlogvoeren (476–221 v.C.)

Ik zal iets opbiechten; Ik ben een kapitalistische verloren cowboy-zoon van socialistische ouders uit Gods eigen land, Kerala, India. Dankzij katholieke scholen, geleid door zendelingen van onze Europese kolonisten, zijn communisten al meer dan een halve eeuw lang democratisch verkozen in Kerala, waarbij Marx, Lenin, Stalin en Che door ons volk als supergoden worden verheerlijkt. Alhoewel we tot de middenklasse behoren, hadden mijn ouders, die allebei leraar waren, tijdens mijn jeugd nooit de luxe om op vakantie te gaan. Ik bracht daarom de meeste vakanties door in de schoolbibliotheek van mijn vader, met het lezen van westerse reisverslagen.

We hadden thuis geen tv, en de enige film die ze me ooit in de bioscoop lieten zien, was *Gandhi*. Ironisch genoeg werd ik uiteindelijk de wereldwijde EPM-architect bij het leidende bedrijf in de wereldwijde showbusiness, AMC Theatres, eigendom van wat ooit de rijkste man van China was. Als gevolg van mijn bevrijding, of misschien wel als wraakactie voor de afgelopen twee decennia, heb ik het geld verspild dat mijn hardwerkende vrouw verdiende, door op vogels te jagen en met mijn camera te zwaaien in de wildernissen wereldwijd, in 20 landen. Dankzij het Chinese *leiderschapsprogramma GIFT*[50] (https://global-inst.com/learn/) in de Killing Fields van Cambodja[51], vond ik troost door de jungle van Chiangmai-Chiangrai, Laos en Myanmar te doorkruisen op zoek naar slangenwijn[52]. Terwijl ik van de slangenwijn dronk, vroeg ik me af, hoe komt het dat deze landen vol natuurlijke hulpbronnen zo verarmd zijn? (Volgens het onderzoek van Hernando de Soto hebben dergelijke landen meer rijkdom dan de 12 belangrijkste westerse aandelenmarkten samen.) Toch zijn deze landen economisch gekoloniseerd door China en smeken ze westerse liefdadigheidsinstellingen om geld, die proberen hun eigen schuld af te kopen.

Dit is een wereld die het vertrouwen verliest in een niet-gereguleerde geldpers voor overheidsfinanciën in de vorm van helikoptergeld (monetaire verruiming oftewel Quantitative Easing[53]). Juist daarin wordt in het tijdperk van het "Nieuwe Normaal" ironisch genoeg een nutteloos geel metaal (goud) opnieuw de *gouden* standaard voor de rijkdom van volkeren en de stinkend rijken. Meer dan een eeuw lang hebben de VS het grootste deel van 's werelds geregistreerde goudreserves opgezogen, ongeveer 8.000 metrische ton. Direct achter hen houdt de oude Europese garde samen nog eens 10.000 ton in handen. Of je het gelooft of niet, volgens de World Gold Council (WGC) verbergen de armste van de arme Indiase vrouwen illegaal meer dan 25.000 ton van datzelfde nutteloze gele metaal onder hun matrassen (een ondergrondse economie). Op zoek naar antwoorden op *The Mystery of Capital*, werd ik de voodoo-aanbidder van Hernando de Soto en zijn boek *The Mystery of Capital: Why Capitalism Triumphs in the West and Fails Everywhere Else*.

Ik deel graag enkele van mijn persoonlijke ervaringen over dit mysterie. Het kostte mijn ouders bijna drie decennia om hun huis te bouwen, en dit kan pas nadat ze 97% van de bouwkosten bij elkaar hadden gespaard. Het duurde nog een decennium om de overige 3% terug te betalen, tegen een rente van 30% van woekeraars. Als losgeslagen cowboykapitalist heb ik tot nu toe nauwelijks geld gespaard. Om eerlijk te zijn, heb ik weinig vertrouwen gehad in dat betekenisloze stuk papier waarop staat: *In God We Trust*.

*"De momenten waarop kapitalisme het meest schittert,
is het moment van crisis."*

Hernando de Soto

(*The Mystery of Capital: Why Capitalism Triumphs
in the West and Fails Everywhere Else*)

Terwijl iedereen tijdens de economische Tsunami van 2008 zijn schulden afbouwde, werd ik een typische Gordon Gekko die het kapitalisme maximaal probeerde te benutten. Ik slaagde erin om snel achter elkaar (binnen twee jaar) twee iconische eigendommen in Noord-Amerika (ter waarde van meer dan een miljoen dollar) te veroveren. Ik nam een hypothecaire lening van 97%, en binnen een paar maanden had ik alles geherfinancierd en meer dan 1000% van de aanbetaling uit laten betalen voor een mooie 30-jarige lening tegen een rente van zo'n 3%.

Tegen conventioneel advies in, zette ik ook in op internationale markten en waagde ik me in de troebele wateren van valuta's, wat exponentieel uitbetaalde. Ik heb ook enkele keren China bezocht (naast mijn Chinese *GIFT executive leadership programma* (https://global-inst.com/learn/), ik was eerder ook verantwoordelijk voor PMI China als de PMI Asian Regional Mentor). Ik wist mijn voordeel te doen met de explosief groeiende markt in financial engineering, en reanimeerde naar een EPM carrière na de economische tsunami van 2008, waarna ik uitkwam in de wereld van de Big 4. Hoe meer ik nadacht over de financiële wereld in het Westen, hoe meer ik gedesillusioneerd ik raakte.

De termieten van Financial Engineering hebben het fundament van het westerse kapitalisme aangetast, zoals Roosevelt dat gebouwd had. En nu start het als een kaartenhuis in. Het communistische autoritarisme (EAST) is de wereld economisch aan het koloniseren door middel van schulden-diplomatie. Na twee decennia lijkt het erop dat ik terug moet over die Mad Max Fury Road en door het kapitalistische puin van de erfenis van Roosevelt moet klimmen.

Ay Yi Yai Yi! We are in the middle of The New World Order!

DE NEW WORLD ORDER

> "Alle oorlogvoering is gebaseerd op misleiding. Daarom moeten we, wanneer we in staat zijn om aan te vallen, dat niet lijken te zijn; wanneer we onze krachten gebruiken, moeten we juist inactief lijken; als we dichtbij zijn, moeten we de vijand laten geloven dat we ver weg zijn; als we ver weg zijn, moeten we hem laten geloven dat we dichtbij zijn."
>
> Sun Tzu - De kunst van het oorlogvoeren (476–221 v.C.)

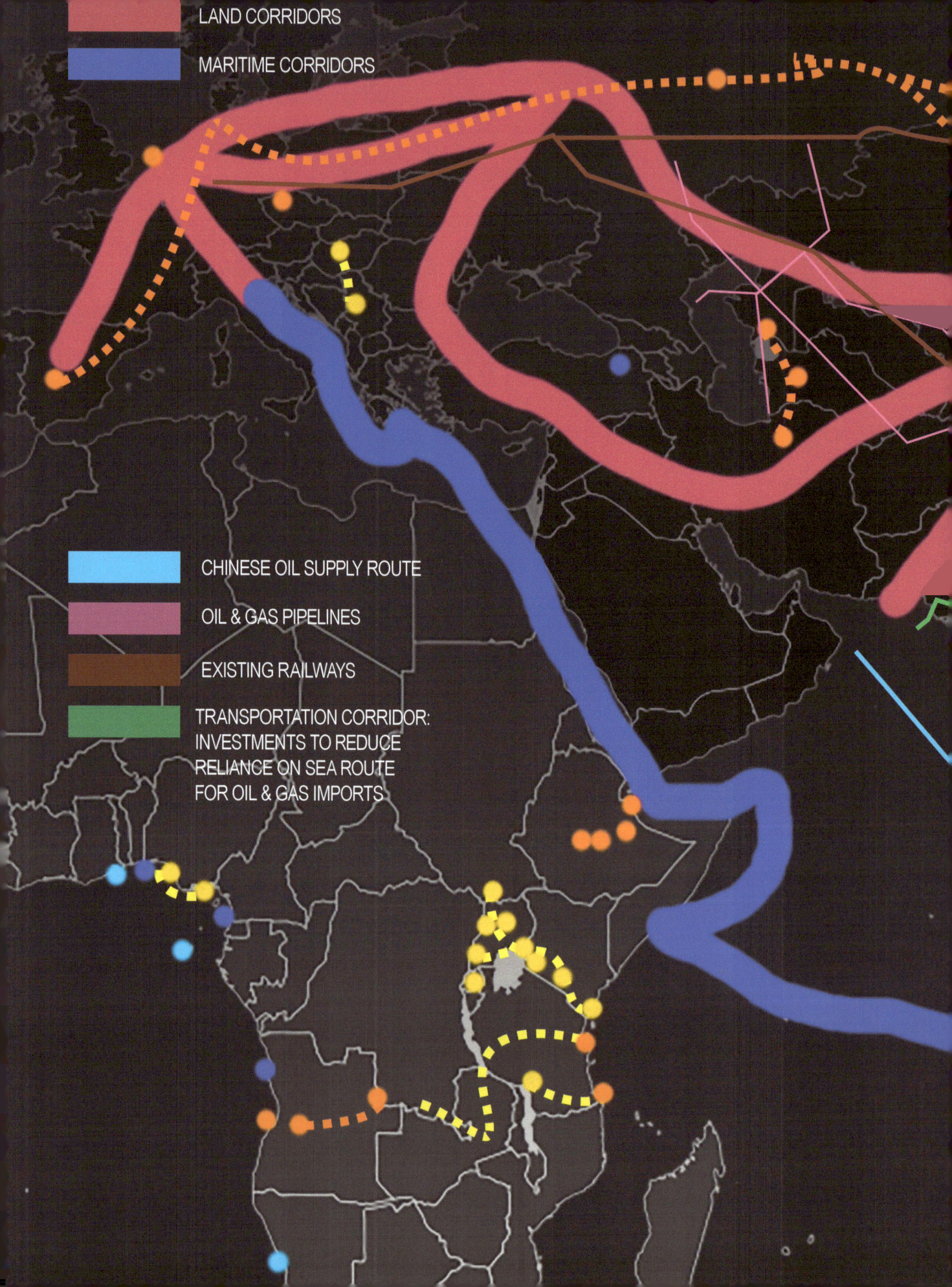

LAND CORRIDORS

MARITIME CORRIDORS

CHINESE OIL SUPPLY ROUTE

OIL & GAS PIPELINES

EXISTING RAILWAYS

TRANSPORTATION CORRIDOR:
INVESTMENTS TO REDUCE
RELIANCE ON SEA ROUTE
FOR OIL & GAS IMPORTS

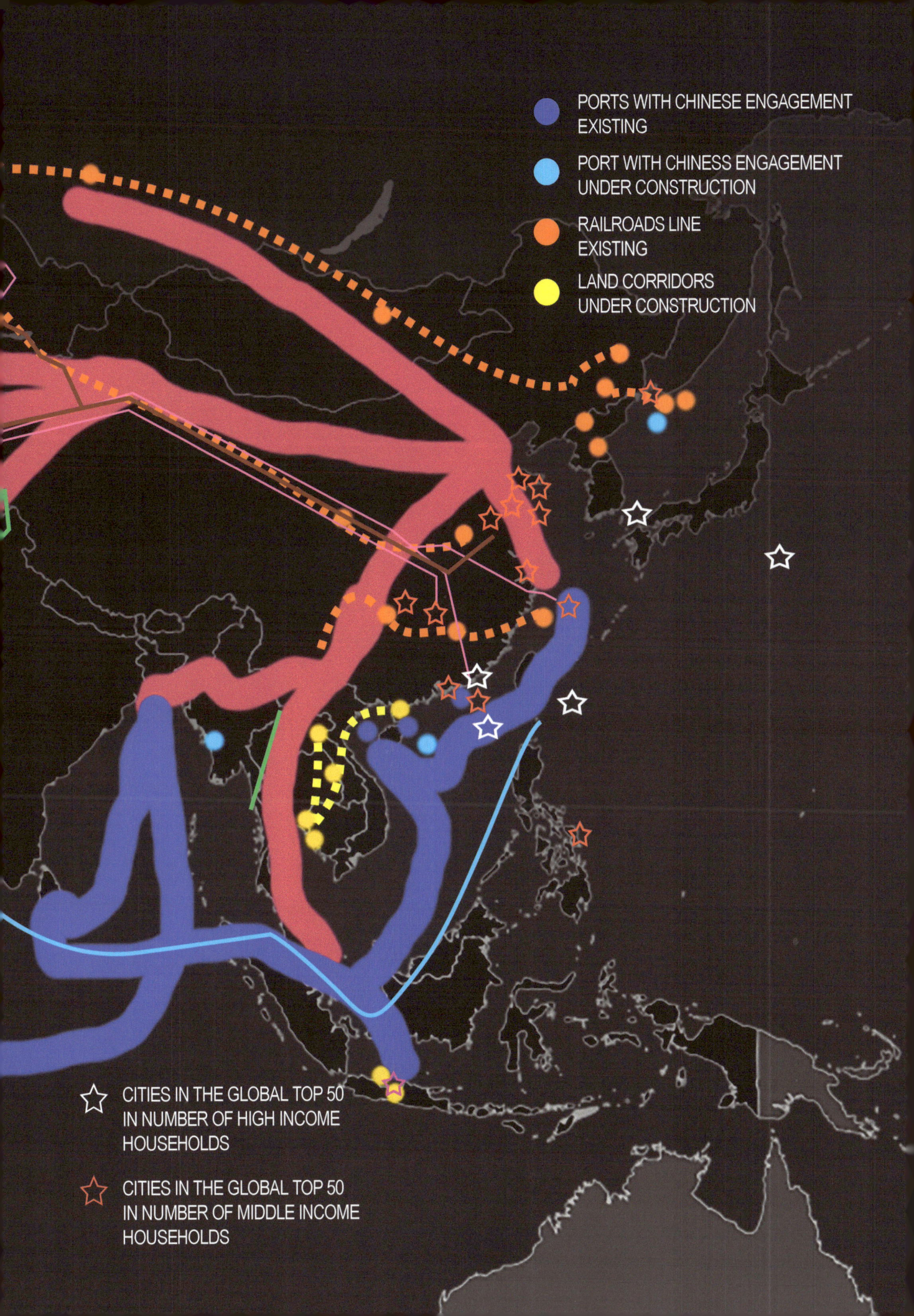

PORTS WITH CHINESE ENGAGEMENT
EXISTING

PORT WITH CHINESS ENGAGEMENT
UNDER CONSTRUCTION

RAILROADS LINE
EXISTING

LAND CORRIDORS
UNDER CONSTRUCTION

CITIES IN THE GLOBAL TOP 50
IN NUMBER OF HIGH INCOME
HOUSEHOLDS

CITIES IN THE GLOBAL TOP 50
IN NUMBER OF MIDDLE INCOME
HOUSEHOLDS

Toen ik me moest opsluiten vanwege covid-19, kreeg ik de kans om te analyseren hoe ik in de belichaming van het kapitalisme terechtgekomen ben. Dankzij de Roosevelt is de VS een eeuw geleden een bijzonder wereld-rijk geworden. Helaas lijkt het er nu op dat de macht teruggegaan is naar waar ik juist weggetrokken was (het Oosten).

Ik heb enig begrip van hoe en wanneer wereldrijken opkomen en ondergaan. De meest prominente onder-nemingen tot nu toe zijn bijvoorbeeld de 17e-eeuwse Nederlandse Oost-Indische Compagnie (zo'n 10 biljoen dollar) en de 18e-eeuwse Britse Oost-Indische Compagnie (zo'n 5 biljoen dollar), beide rijk geworden via zweep-slagen (kolonisatie) en het stelen van geld van mijn voorouders. Deze ondernemingen en de bijbehorende wereldrijken hebben het allebei ongeveer 200 jaar uitgehouden.

Het bedenkelijke verhaal van hun opkomst en ondergang wekte mijn nieuwsgierigheid. Hoe zijn hun verhalen te vergelijken met de ondernemingen van de huidige grote rijken? Het werd duidelijk dat de volgende auto-ritaire keizer op onze deur bonkt om ons opnieuw economisch (en digitaal) te koloniseren, vergelijkbaar met wat mijn grootvaders is overkomen. In het tijdperk na covid-19, waarin China in heftige mate is gaan versnellen, ben ik bang dat we de pineut zijn. Met één op de bloedige geschiedenis, kan ik me alleen maar afvragen wat het "Nieuwe Normaal" is dat in onze toekomst ligt.

The Gods Must be Crazy!

The Phoenix: Fall & Rise

WARS, REVOLUTIONS?

WARS, REVOLUTIONS

WARS

1500 1525 1550 1575 1600 1625 1650 1675 1700 1725 1750 1775 1800 1825 1850 1875 1900 1925 1950 1975 2000

YEAR

NLD ----- U.K ---- CHINA --- USA

Adapted Source: Dalio, The Changing World Order by Ray Dalio.

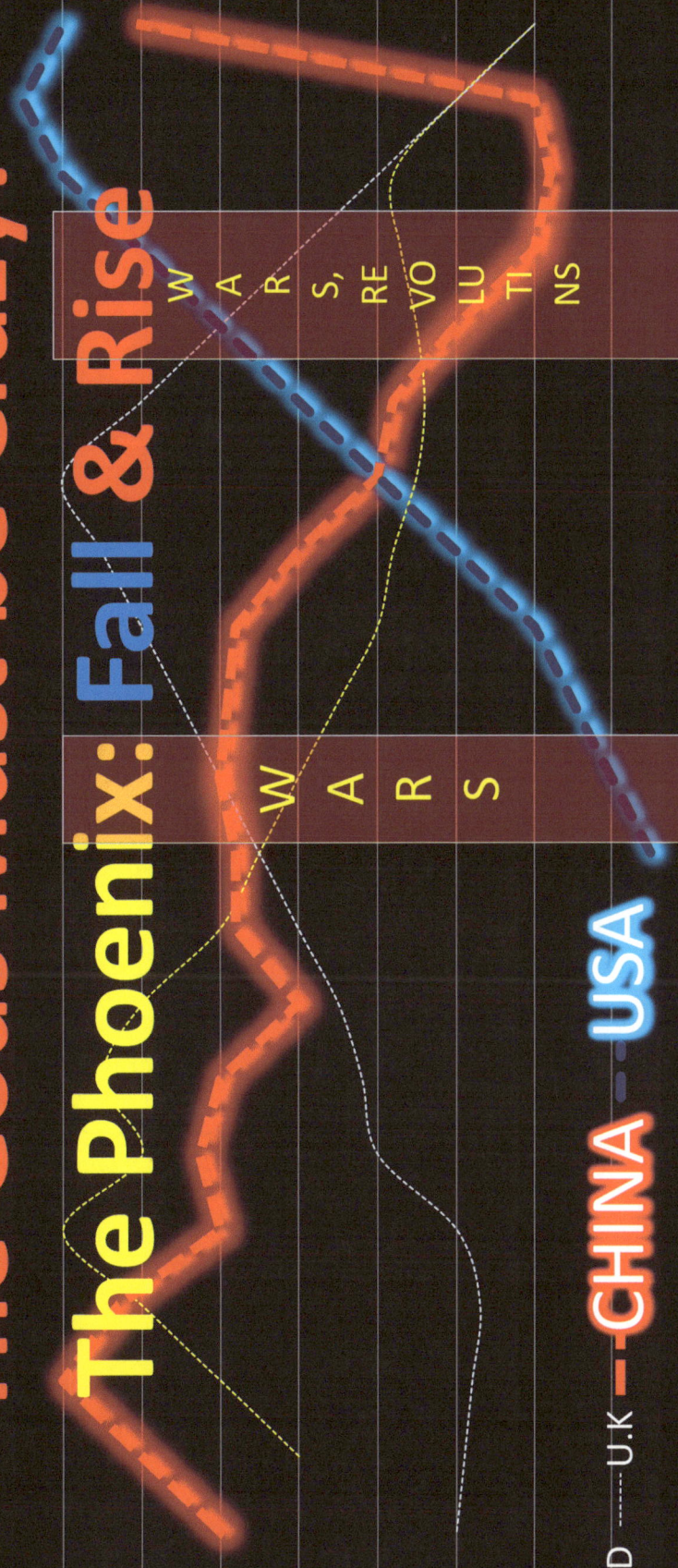

Ay Yi Yai Yi! We are in the middle of The New World Order!

Ay Yi Yai Yi! We are in the middle of The New World Order!

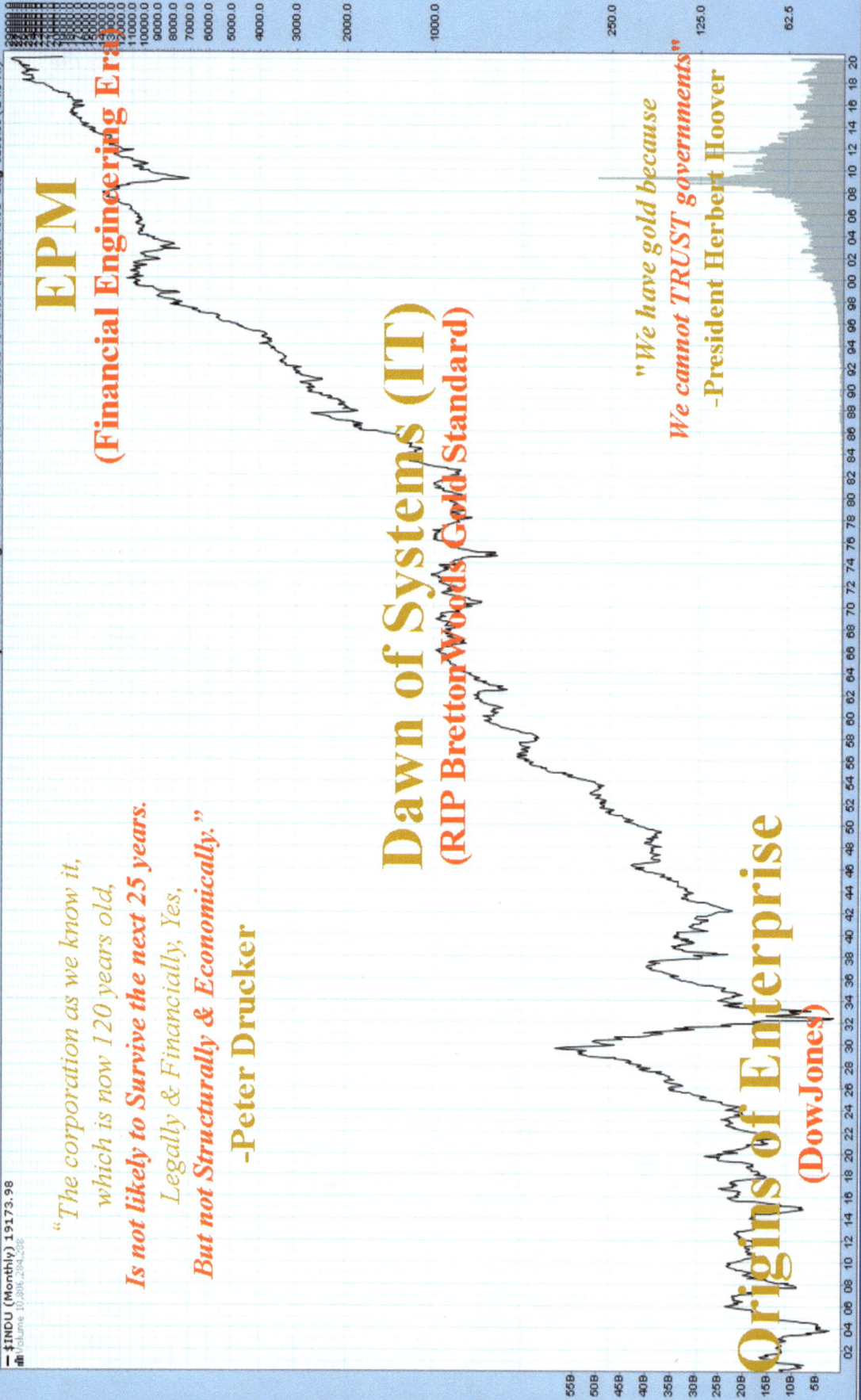

EPM

(Financial Engineering Era)

Dawn of Systems (IT)

(RIP Bretton Woods Gold Standard)

Origins of Enterprise

(DowJones)

CORONA (Black Swan)

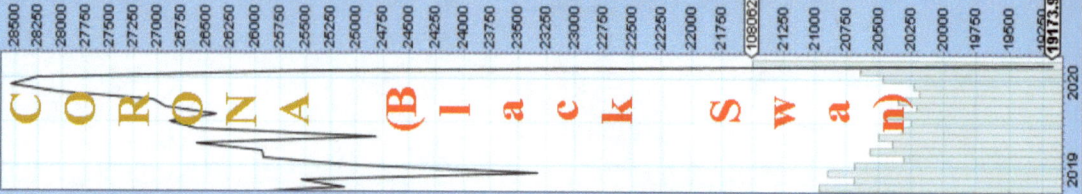

"The corporation as we know it,
which is now 120 years old,
Is not likely to Survive the next 25 years.
Legally & Financially; Yes,
But not Structurally & Economically."
-Peter Drucker

"We have gold because
We cannot TRUST governments"
-President Herbert Hoover

DE NEW ENTERPRISE ORDER

★ ★

Ik zal mijn hypothese testen met behulp van de voorspelling van mijn geliefde MBA-managementgoeroe 25 jaar geleden:

> *"De onderneming zoals we die kennen,*
> *die inmiddels 120 jaar oud is, zal de komende 25 jaar waarschijnlijk niet overleven. Juridisch en financieel misschien wel, ja, maar niet structureel en economisch."*

— Peter Drucker, rond 2000 —

★ ★

> *"Elk koninkrijk dat verdeeld is, zal zelf worden verwoest, en geen stad of zelfs huis dat interne verdeeldheid kent, zal overeind blijven"*
>
> Sun Tzu - De kunst van het oorlogvoeren (476–221 v.C.)

Mijn hypothese, die ik heb ontwikkeld sinds de laatste economische tsunami die rond de Dow Jones-index speelde, wordt hieronder geïllustreerd:

Centrale principes van de hypothese

Het voortbestaan van de onderneming is afhankelijk van het succes van de ecosystemen eromheen. Dit ecosysteem is weer afhankelijk van het sponsorende godfather-rijk.

Ik geloof dat het voortbestaan van dat rijk afhankelijk is van specifieke krachten, namelijk:

1. LeiderschapOnderwijs in Science, Technology, Engineering, en Mathematics (STEM, exacte en technische vakken)
2. Onderzoek en strategische technologie
3. Architectuur van infrastructuur
4. Digitale architectuur
5. Kennismanagement
6. Diplomatie
7. Gouden standaard voor wereldvaluta
8. Elektronische dollar
9. Financieel kapitaal
10. Veiligheid
11. Transformatieve digitale strategieën en regulering

De afbeelding hieronder laat zien hoe de opkomst en ondergang van verschillende godfather-rijken in de afgelopen vier eeuwen zijn verlopen.

The Gods Must be Crazy!
Typical Empire Rise & Fall

Excessive Financial Engineering

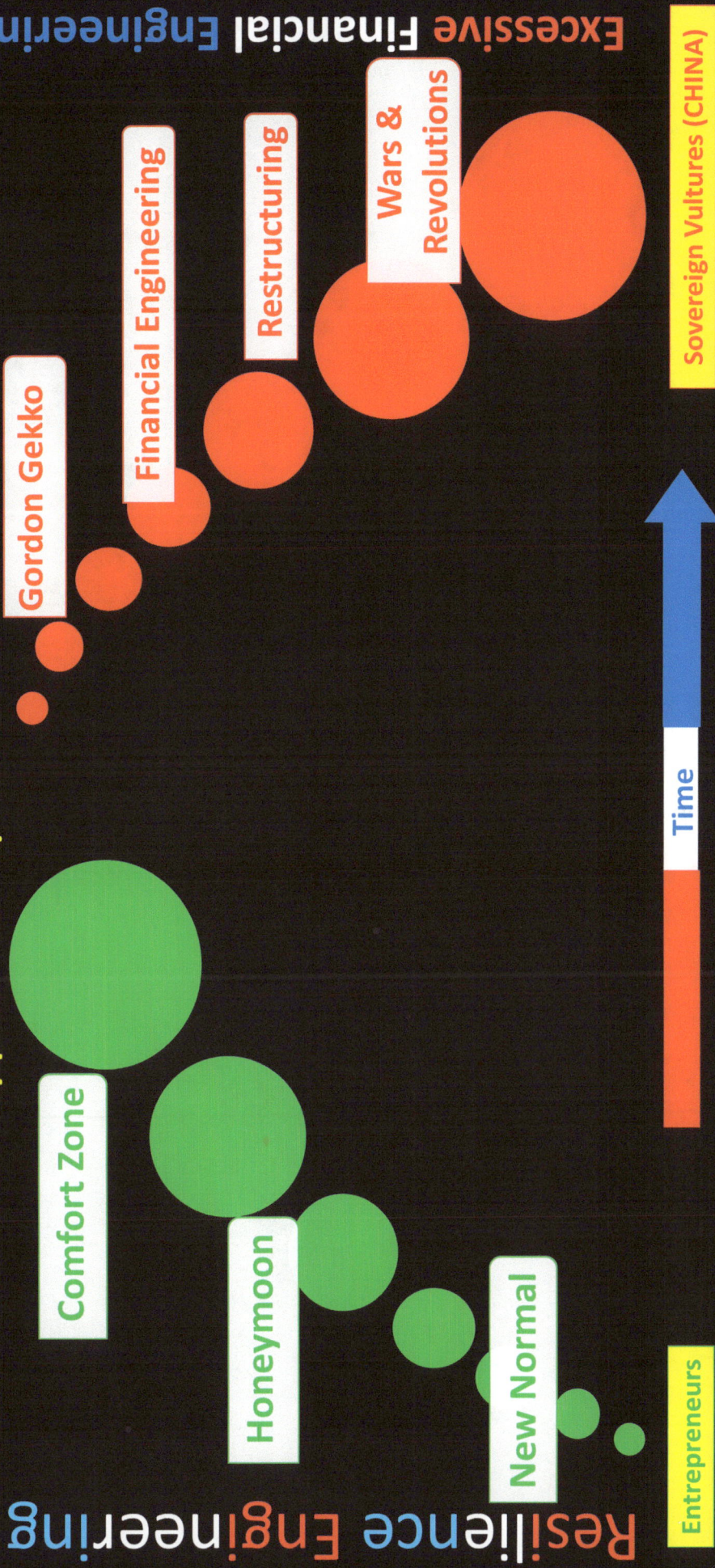

Sovereign Vultures (CHINA)

Wars & Revolutions

Restructuring

Financial Engineering

Gordon Gekko

Time

Resilience Engineering

Comfort Zone

Honeymoon

New Normal

Entrepreneurs

Ay Yi Yai Yi! We are in the middle of The New World Order!

"Overweeg je afkomst. Je bent niet gemaakt om te leven als een bruut maar om deugd en kennis te volgen."

Ay Yi Yai Yi! We are in the middle of The New World Order!

Aan het begin van een rijk zijn er de wittebroodsweken van tribale harmonie en welvaart. Maar zodra dat rijk in zijn comfortzone begint te komen, wordt het overmoedig en verandert de levensstijl. Wanneer de levensstijl verandert, beginnen ze gretig te worden. En die gretigheid is de basis van het kapitalisme, wat leidt tot een Gordon Gekko[54] (het icoon voor extreme hebzucht in de klassieke Oscar-winnende film "Wall Street") periode van extreem kapitalisme. Deze sensatie van de bubbel leidt tot steeds hogere niveaus van testosteron. Op een gegeven moment knapt de bubbel, en beginnen we de realiteit te vertekenen (financial engineering). Het vervormen van de realiteit zal ons naar nog grotere tektonische verschuivingen brengen, en dan gaan we de cijfers en de boeken vervalsen door middel van Quantitative Easing[55]. Wanneer uiteindelijk de economische tsunami komt, zullen er oorlogen en revoluties zijn. Alle plunderaars zullen samen komen en een nieuwe stam-orde bepalen; dit is wat er momenteel met ons gebeurd.

Helaas **zijn we inmiddels halverwege de wedstrijd, Amerika, en de tweede helft gaat bijna beginnen!**[56]

Ik hoop oprecht dat we in het westen onze troefkaarten goed weten te spelen, **zodat we ook kunnen uitblinken in onze tweede helft.**

"Overweeg je afkomst. Je bent niet gemaakt om te leven
als een bruut maar om deugd en kennis te volgen."

— Dante Alighieri —

We hebben een indrukwekkende draak die de afgelopen twee decennia zijn champagnefles heeft geschud en ongeduldig wacht om de kurk te laten springen in het tijdperk na covid-19. De Chinese draak gaat hard omhoog, en Amerika is juist hard naar beneden aan het gaan, waardoor de dreiging extra snel toeneemt. Ik geloof oprecht dat we tenminste de snelheid van afname kunnen afremmen, en catastrofale transformaties kunnen voorkomen, als we slim zijn.

The Rise of the Dragon

Catacomb of Capitalism

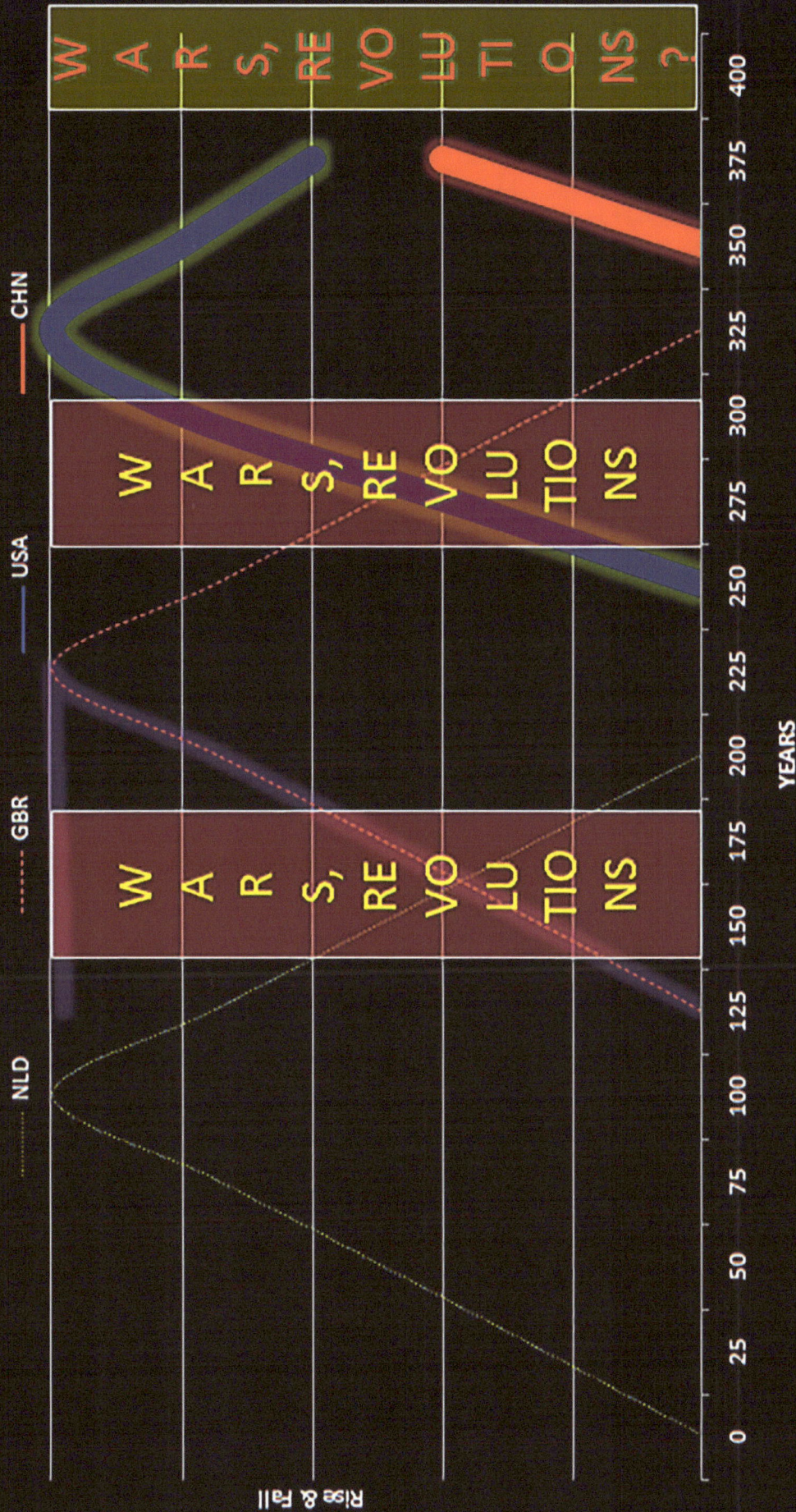

NLD ....   GBR -----   USA ———   CHN ———

YEARS

Rise & Fall

Ay Yi Yai Yi! We are in the middle of The New World Order!

Ay Yi Yai Yi! We are in the middle of The New World Order!

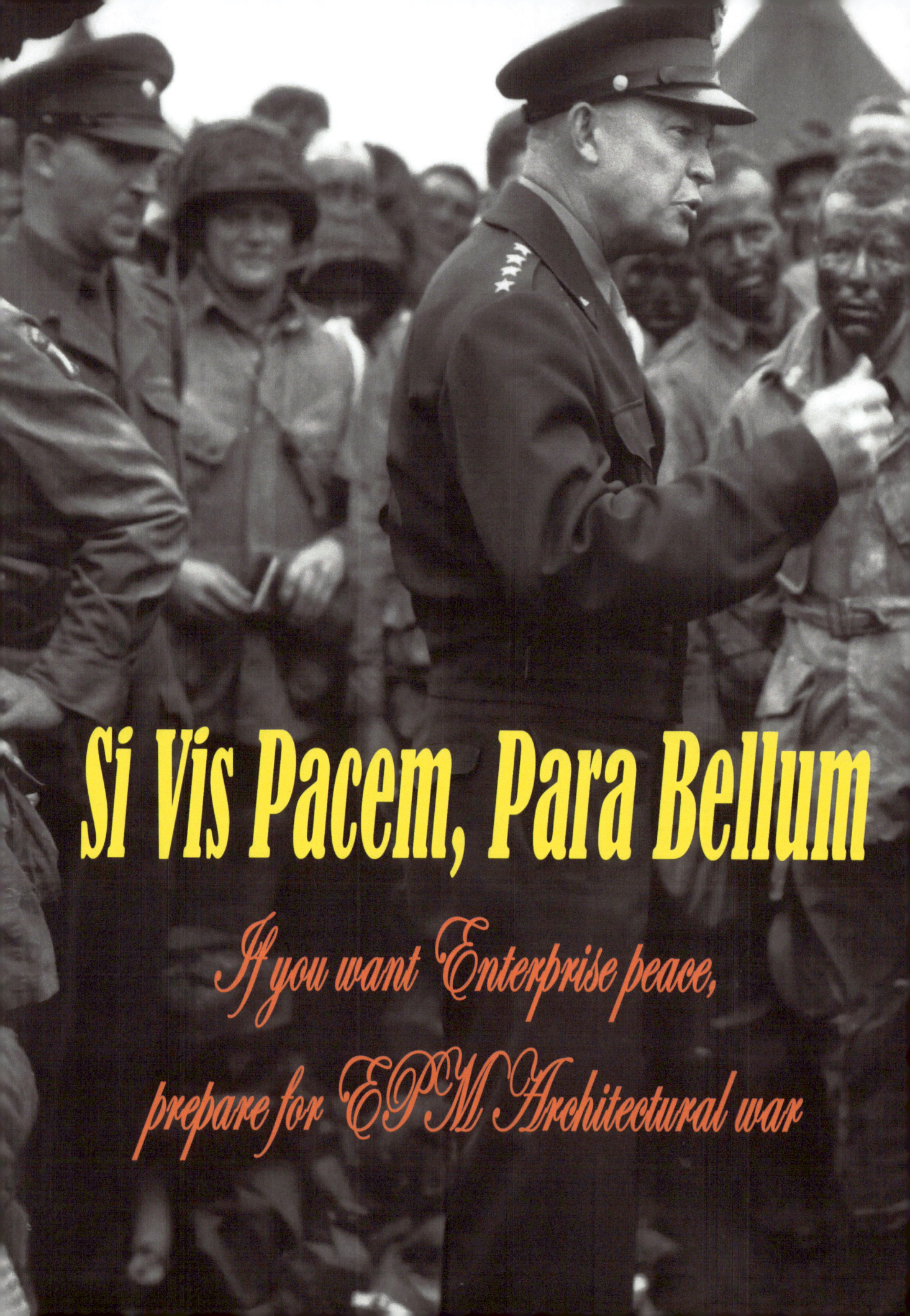

Si Vis Pacem, Para Bellum

If you want Enterprise peace,

prepare for EPM Architectural war

DENK ANDERS

(Bewerking van afbeelding van: U.S. Army photograph. No. SC 194399) D-Day: General Eisenhower (Amerikaanse president (1953–61), opperste bevelhebber van de geallieerde troepen in West-Europa tijdens de Tweede Wereldoorlog.)

"**MARTIN:** *Beijing legt veel nadruk op de hulp die ze bieden aan landen die hard door het coronavirus geraakt zijn. Ben je bang dat China hun 'soft power' is gaan gebruiken op een manier die de invloed van Amerika op het wereldtoneel zal ondermijnen?*

GATES: *Ja. En ze zijn van plan om dat meer te doen. En wat erger is, we hebben, zoals dit boek ook aangeeft, we hebben al onze instrumenten voor macht, behalve ons leger, verzwakt. En de realiteit is dat als we geluk hebben en als we slim zijn, dat we geen militair conflict zullen hebben met China. Maar het conflict zal wel plaatsen, de rivaliteit, op allerlei andere gebieden, en daarin zijn we onvoorbereid. En we hebben geen strategie.*"

Voormalig Amerikaanse staatssecretaris voor Defensie,
Robert Gates (NPR)

Ay Yi Yai Yi! We are in the middle of The New World Order!

Een samenvoeging van Eleanor Roosevelt, Franklin D. Roosevelt
en Teddy Roosevelt (met dank aan de Franklin D. Roosevelt
Presidential Library en Theodore Roosevelt Collection,
Houghton Library, Harvard University)

WIE HEEFT HET AMERIKAANSE KAPITALISTISCHE RIJK GEBOUWD?

Het zou ons op dit punt betamen te kijken naar de oorsprong van het Amerikaanse rijk. Amerikaanse presidenten hebben het meest machtige ambt ter wereld en regeren op een unieke plek in het epicentrum van nationale en wereldwijde gebeurtenissen. Ik heb alle presidenten vanaf 1900 geanalyseerd om de oorsprong van het Amerikaanse rijk te ontdekken. Wie waren die keizers van de goede oude tijd, en wat waren hun belangrijkste principes?

"Twijfel er nooit aan dat een kleine groep van slimme, toegewijde burgers de wereld kan veranderen. In feite is dat het enige dat ooit verandering heeft gebracht."

— Margaret Mead —

"Zegevierende krijgers winnen eerst en gaan dan het gevecht aan, terwijl verliezende krijgers eerst het gevecht aangaan, en dan proberen te winnen."

Sun Tzu - De kunst van het oorlogvoeren (476–221 v.C.)

Ik kwam erachter dat de antwoorden al een eeuw geleden waren ontdekt. Het grote Amerikaanse kapitalistische rijk is ontworpen door Roosevelt in de eerste helft van de 20e eeuw. Als Commander-in-Chief (opperbevelhebber) zijn Amerikaanse presidenten zonder twijfel de belangrijkste architecten van de wereldgeschiedenis. Helaas is dit systematisch ontmanteld en ongedaan gemaakt door Amerixit (een Amerikaanse versie van de zelfverklaarde Talaq [57](echtscheiding in de islam) van hun status van wereldwijde supermacht - vergelijkbaar met de Brexit van het VK uit de EU). De VS moeten terugkeren naar de 'Dust Bowl' waaruit Roosevelt ooit het kapitalisme heeft gered. Roosevelt was het brein achter het raamwerk voor de vrede en voorspoed van de wereld in de afgelopen 75 jaar, door een einde te maken aan de Tweede Wereldoorlog. Daarbij zijn ook de basis voor de VN, WHO, UNESCO, Unicef, mensenrechten en meer gelegd. In plaats van die instellingen te ontmantelen en ons naar het Vierde Rijk te brengen, moeten we ernaar streven ze te verbeteren en robuuster te maken.

De Amerikaanse economie die Roosevelt heeft gebouwd stond in 1960 voor ongeveer 40% van het bruto binnenlands product (BBP) van de hele wereld. Dit is inmiddels minder dan 15%, gecorrigeerd voor koopkracht, en dit daalt snel. Ondertussen zit China al boven de 20%[58] en gaan ze volle kracht vooruit. Het is tijd dat we leren van de originele architecten van Amerikaans kapitalisme. We moeten ons voorbereiden op de aankomende oorlog, zodat we het kapitalisme kunnen herstellen voor het te laat is.

We moeten *bidden* dat de goede oude "New Deal" terugkomt, samen met echte leiders zoals de Roosevelts (Theodore, FDR en Eleanor). Ze hebben vergelijkbare onvrede meegemaakt tijdens lastige historische momenten een eeuw geleden, zoals de Eerste en Tweede Wereldoorlog, de Spaanse Griep en de Grote Recessie. We moeten zoeken naar onze vervagende troefkaarten in de originele Dust Bowl van de Roosevelts. Die troefkaarten waren de onderstaande *onderwerpen van kracht*:

(Onderstaande lijst bevat die gebieden, maar aangepast naar de hedendaagse omgeving):

1. Leiderschap
2. Onderwijs in Science, Technology, Engineering, en Mathematics (STEM, exacte en technische vakken)
3. Onderzoek en strategische technologie
4. Architectuur van infrastructuur
5. Digitale architectuur
6. Kennismanagement

The Gods Must be Crazy!

The Rise & Fall Measures of Empires

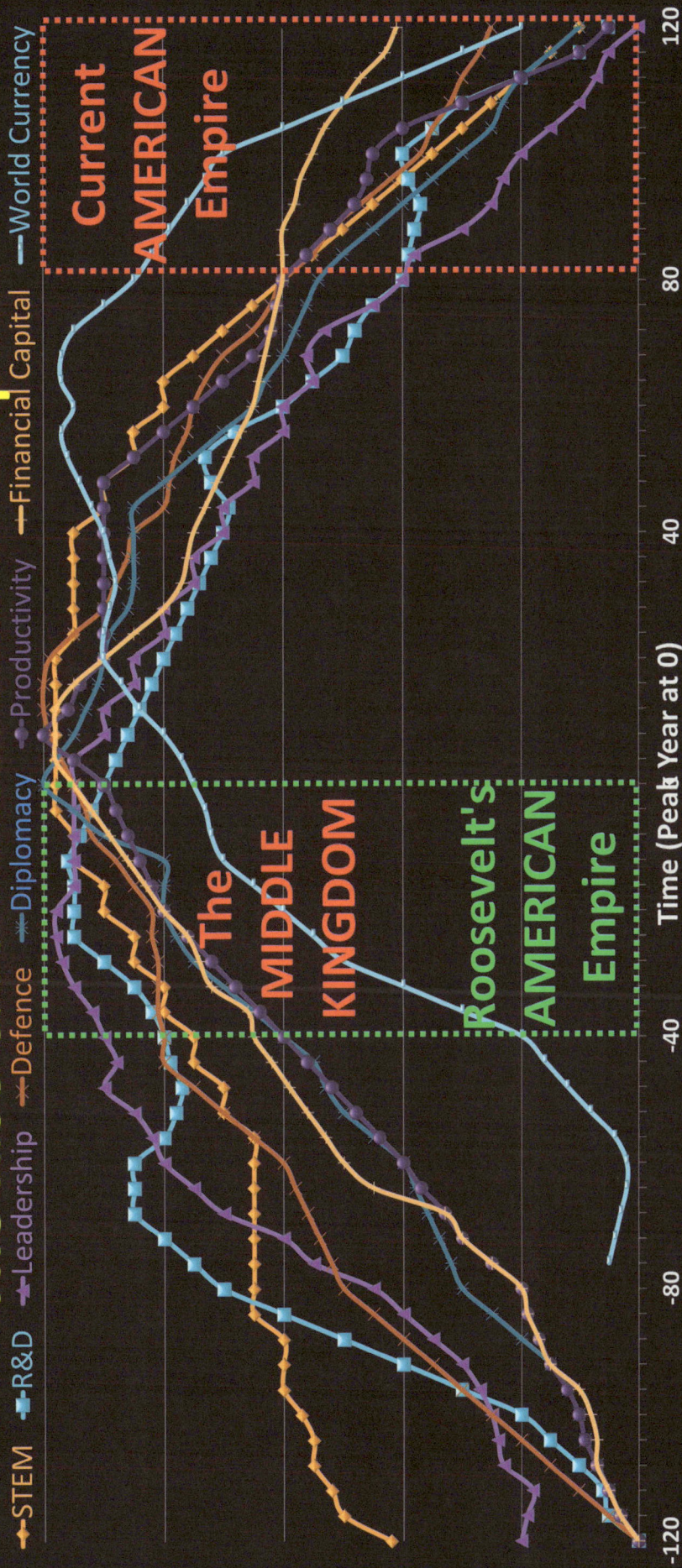

Legend:
- STEM
- R&D
- Leadership
- Defence
- Diplomacy
- Productivity
- Financial Capital
- World Currency

Current AMERICAN Empire

The MIDDLE KINGDOM

Roosevelt's AMERICAN Empire

Time (Peak Year at 0)

-120   -80   -40   0   40   80   120

Theodore Roosevelt (Republikeinse president van de Verenigde Staten van 1901 tot 1909):

"Kom in actie, doe dingen", was zijn houding bij alle uitdagingen, zowel politiek als andere.

Theodore Roosevelt was de jongste President van de Verenigde Staten ooit. Hij was een voorloper van de progressieve beweging. Theodore vocht voor zijn "Square Deal" nationaal beleid, verzekerde de algemene gelijkwaardigheid van burgers, brak slechte monopolies op, bood spoorwegen en betrouwbaarheid van eten en medicijnen. Hij maakte natuurbescherming een topprioriteit en vestigde allerlei nieuwe nationale parken, bossen en monumenten, om de natuurlijke omgeving van Amerika te bewaren.

Wat betreft buitenlands beleid, focuste Roosevelt zich op Centraal-Amerika, waar hij begon met de aanleg van het Panama-kanaal. Theodore Roosevelt breidde de Amerikaanse marine uit en stuurde zijn *Great White Fleet*, een nieuwe marinevloot, op een wereldtour om de maritieme macht van de Verenigde Staten te laten zien. De succesvolle pogingen van TR om te bemiddelen bij het beëindigen van de Russisch-Japanse oorlog leverde hem in 1906 de Nobelprijs voor de Vrede op.

Franklin D. Roosevelt *(viermaal Democratisch president van de Verenigde Staten van 1933 tot zijn dood in 1945):*

Zelfs met de Defense Production Act[59], zullen we nog veel moeite hebben om iets te maken dat zo belangrijk is als mondmasker in tijden van het coronavirus. FDR leidde het eerste jaar van de turboproductie van de VS. Dat ultra-productieve productieplan resulteerde in 45.000 vliegtuigen, 45.000 tanks, 20.000 stuks luchtafweer, en 8 miljoen ton aan nieuwe schepen.

Ondanks zijn verlamming door polio op 39-jarige leeftijd, werd hij president op zijn 50e. Hij was de onwankelbare Commander-in-Chief die Amerika door twee grote rampen (de Grote Recessie en de Tweede Wereldoorlog) heeft geloodst. FDR heeft langer als opperbevelhebber gediend dan elke andere president van de VS. Zijn nalatenschap bepaalt nog altijd ons begrip van de rol van de overheid en het presidentschap.

Het beleid en persoon van Franklin D. Roosevelt heeft de gouden standaard voor moderne Amerikaanse presidenten bepaald. FDR wekte zowel respect als minachting op door moedig leiderschap te tonen tijdens de meest tumultueuze periode in de geschiedenis van Amerika sinds de Burgeroorlog. FDR haalde met *vier* presidentiële verkiezingen een record, en werd een spil in de wereldwijde gebeurtenissen in de eerste helft van de 20e eeuw.

Tijdens de problemen van de Grote Recessie leidde Roosevelt de federale overheid, en voerde het binnenlandse beleid van de New Deal uit als reactie op de grootste economische crisis in de geschiedenis van de Verenigde Staten. Het "vangnet" van de overheid dat hij opbouwde zou zijn meest indrukwekkende erfenis zijn, en tegelijk een bron van blijvende controverse. Hij wordt door veel academici gezien als één van de beste presidenten na George Washington en Abraham Lincoln.

Eleanor Roosevelt

Ze staat bekend als de "First Lady of the World", dus niet alleen van Amerika. Meer dan 30 jaar lang was Eleanor Roosevelt de machtigste vrouw van de VS. Miljoenen aanbaden haar, maar haar FBI-dossier was dikker dan een stapel telefoonboeken. Ze kwam zonder angst op voor burgerrechten, waardoor de Ku Klux Klan een prijs op haar hoofd zette.

Door de media gehekeld als een bemoeial, hielp Eleanor Franklin D. Roosevelt aan de macht en werd zijn meest waardevolle politieke voordeel. Ze bleef doorgaan, zonder acht te slaan op de vele pesterijen, en bleef onvermoeibaar doorvechten voor sociale gerechtigheid voor iedereen, en nam een leidende rol aan bij de belangrijke Verklaring van de Mensenrechten van de Verenigde Naties.

FDR kwam in het Witte Huis midden in de Grote Recessie, die begon in 1929 en ongeveer tien jaar duurde. De President en het congres begon snel een aantal herstelmaatregelen, de New Deal, te implementeren om de economische neergang te stoppen. Eleanor reisde rond in de Verenigde Staten als de First Lady, en functioneerde als de ogen en oren van haar man, en vertelde hem wat ze zag. President Harry S. Truman noemde haar later de "First Lady of the World", ter ere van haar prestaties op het gebied van mensenrechten.

We moeten onze fundamentele kapitalistische doctrine uit de tijd van Roosevelt terughalen:

"Op dit moment in de wereldgeschiedenis, moet bijna elk land kiezen tussen verschillende manieren van leven. De keus is veel te vaak geen vrije keus. Eén manier van leven is gebaseerd op de wil van de meerderheid en onderscheidt zich door vrije instellingen, een representatieve regering, vrije verkiezingen, recht op individuele vrijheid, vrijheid van meningsuiting en godsdienst, en vrijheid van politieke onderdrukking. De tweede manier van leven is gebaseerd op de wil van een minderheid die met geweld aan de meerderheid wordt opgelegd. Deze manier is afhankelijk van terreur en onderdrukking, een gecontroleerde pers en radio, nepverkiezingen en de onderdrukking van persoonlijke vrijheden. Ik geloof dat het beleid van de Verenigde Staten moet zijn om vrije volkeren te steunen, die zich verzetten tegen pogingen tot onderwerping door gewapende minderheden of door druk van buitenaf.

....

De zaden van totalitaire regimes worden gevoed door ellende en gebrek. Ze verspreiden zich en groeien in de kwade grond van armoede en onrust. Ze komen tot volle wasdom wanneer de hoop van een volk op een beter leven gestorven is. We moeten die hoop levend houden. De vrije volkeren van de wereld kijken naar ons voor steun in het behouden van hun vrijheden. Als we wankelen in ons leiderschap, kunnen we de vrede van de wereld in gevaar brengen en zullen we zeker ook het welzijn van onze eigen natie in gevaar brengen."

De Truman Doctrine (1947)

"De kundige leider onderwerpt de vijandige troep zonder te vechten; hij neemt steden in zonder ze te belegeren; hij werpt koninkrijken omver zonder lange veldtochten."

Sun Tzu - De kunst van het oorlogvoeren (476–221 v.C.)

(Aangepast, originele bron: Leon Perskie Portraits,
1944, FDR Presidential Library & Museum)

(Aangepast, originele bron: FDR Presidential Library & Museum)

(Afbeelding: US Army and so PD-USGov-Military-Army) Yalta-top 1945 met Churchill, Roosevelt, Stalin

EEN VOORSTEL OM HET HUIS VAN DE ROOSEVELTS TERUG TE BRENGEN

"Opportunistische relaties zijn moeilijk stabiel te houden. De ontmoeting van eervolle mensen, zelfs op afstand, voegt geen bloemen toe in tijden van warmte en wisselt niet van blad in tijden van kou: het blijft de vier seizoenen bestaan zonder te vervagen, wordt steeds stabieler terwijl het langs zowel gemak als gevaar gaat.

Sun Tzu - De kunst van het oorlogvoeren (476–221 v.C.)

Mijn voorstel richt zich op strategieën die we eerder al hebben genoemd om westerse ondernemingen nieuw leven in te blazen, namelijk:

1. Leiderschap
2. Onderwijs is Science, Technology, Engineering, en Mathematics (STEM)
3. Onderzoek en strategische technologie
4. Architectuur van infrastructuur
5. Digitale architectuur
6. Kennismanagement
7. Diplomatie
8. Gouden standaard voor wereldvaluta
9. Elektronische dollar
10. Financieel kapitaal
11. Veiligheid
12. Digitale strategieën en een transformatieve routekaart

De onderstaande webdiagram geeft een algemene vergelijking weer tussen het kapitalistische tijdperk van Roosevelt en het huidige Amerika, in contrast met de vooruitgang die de Chinezen boekten. De details zullen in elk onderdeel besproken worden (laat vooral jouw perspectief weten om deze grafieken te consolideren en bij te werken).

Met steun van de overheid koloniseren Chinese ondernemingen de wereld effectief door meer dan 150 landen financieel te beïnvloeden met minstens $10 biljoen aan schuldendiplomatie, de volgende generatie Belt & Silk Road en andere high-tech infrastructuurprojecten.

Het huidige 19e-eeuwse Amerikaanse kapitalistische systeem staat onder leiding van de corrupte PAC's en lobbyisten in het moeras (Washington DC), Gordon Gekko's Private Equity en zakelijke plunderaars, van wie velen worden gefinancierd door de Chinezen. Twitter-gedreven Wall Street beslissingen op basis van een algoritme zijn schandalig. De ondernemingsguru's van Amerika raken los van de realiteit van 96% van de mensheid. Ze wonen in hun ivoren toren waar ze zich concentreren op extreme financial engineering. In het afgelopen decennium is er bijna geen groei in omzet of productiviteit geweest. Desalniettemin is de Dow Jones met bijna 250% toegenomen in die tijd, met name door financial engineering. De vele strategieën om snel rijk te worden hebben de comfortabele balansen verpest, en nu schudden de fundamenten van het kapitalisme.

We moeten onze ondernemingen hervormen om de 22e eeuw binnen te kunnen komen, door te leren van de besten, van de Duitsers en uit het Oosten (zoals Singapore, China, Japan en Zuid-Korea). De overleving van het bedrijf is nauw verbonden met de opkomst en ondergang van de sponsorende godfather-rijken, zoals we dat ook in de afgelopen vijf eeuwen hebben gezien. De veerkracht-ingenieurs van de Chinese communistische partij geven biljoenen dollars uit aan het meedogenloos uitroeien van veel van hun verloren kapitalistische leermeesters in financial engineering, met name aan de generatie 22e eeuwse uitvindingen. Semi-overheidsondernemingen hebben zich bevrijd van de erfenis van de westerse Gordon Gekko-licentiemeesters en buitenlandse partners voor betere producten en diensten.

Samenvattend, we moeten onze bedrijfsinvesteringen op de volgende gebieden verdubbelen om onszelf te bevrijden van de nieuwe communistische autoritaire meesters:

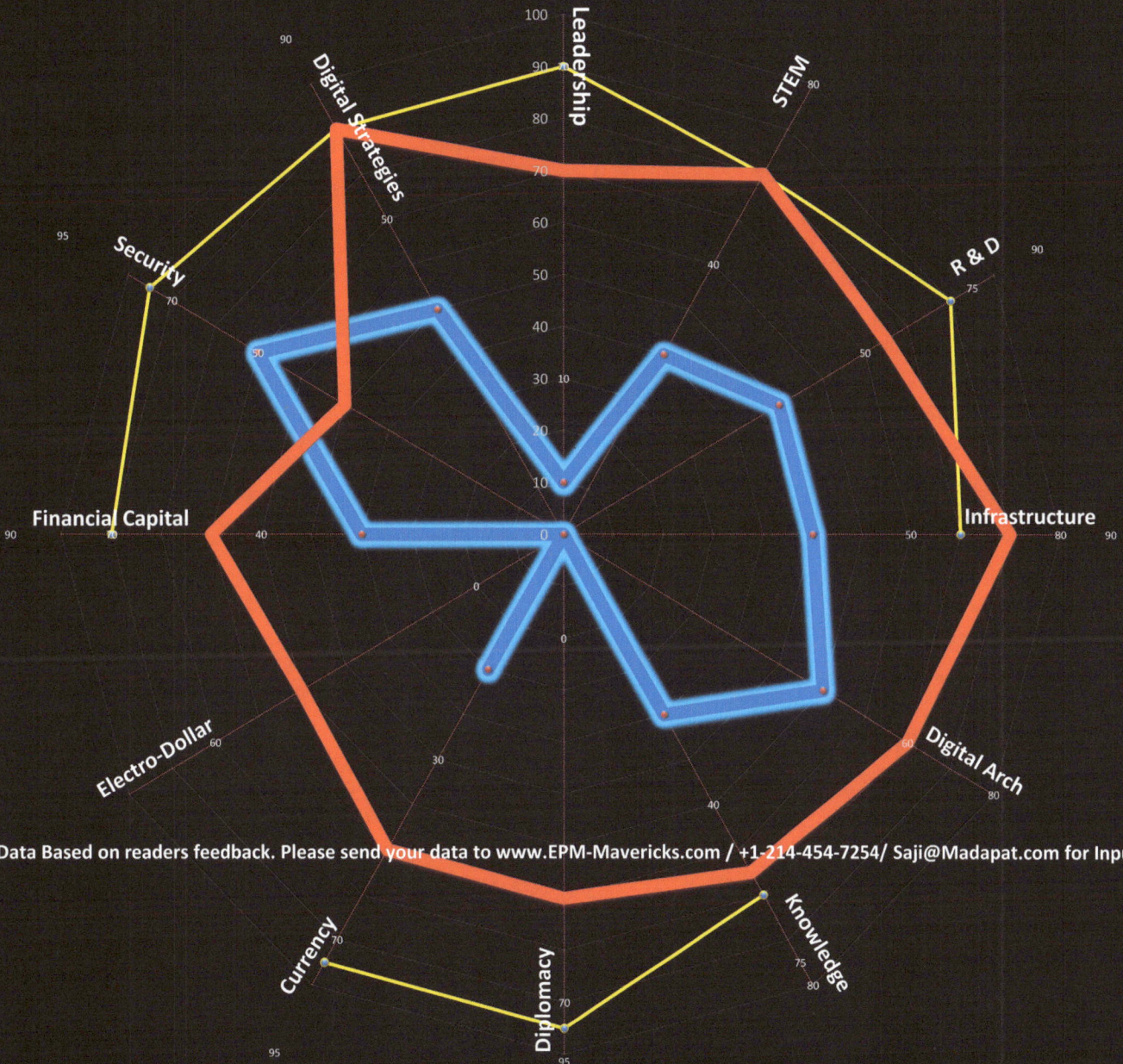

The Gods Must be Crazy!
US vs China Competitiveness Dashboard
(Representative Example scores)

Ay Yi Yai Yi! We are in the middle of The New World Order!

1. Leiderschap

> *"De kundige leider onderwerpt de vijandige troep zonder te vechten; hij neemt steden in zonder ze te belegeren; hij werpt koninkrijken omver zonder lange veldtochten."*
>
> Sun Tzu - De kunst van het oorlogvoeren (476–221 v.C.)

De Harvard Kennedy school zegt dit: *"Terwijl de CCP zich voorbereidt op de viering van de 100e verjaardag van haar oprichting, lijkt de partij nog even sterk als altijd. Een diepere veerkracht is gebaseerd op de steun van de bevolking voor het overheidsbeleid."* Dit onderzoekspaper over de Chinese Communistische Partij (CCP) is een serie die is gepubliceerd door het Ash Center for Democratic Governance and Innovation aan de John F. Kennedy School of Government van Harvard University.

"Er is weinig bewijs ter ondersteuning van het idee dat de CCP legitimiteit verliest in de ogen van haar eigen bevolking. Uit ons onderzoek blijkt zelfs dat de Chinese overheid in 2016, op basis van een groot aantal verschillende indicatoren, populairder was dan ooit in de afgelopen twee decennia. Gemiddeld vinden Chinese burgers dat de verstrekking van gezondheidszorg, welzijn en andere essentiële openbare diensten door de overheid veel beter en eerlijker is dan toen het onderzoek in 2003 begon.

....

Als zodanig is er geen echt teken van beginnende ontevredenheid onder de belangrijkste demografische groepen van China, wat twijfel zaait over het idee dat het land te maken heeft met een crisis qua politieke legitimiteit."

———— Harvard University (juli 2020) ————

"Slechts 17% van de Amerikanen zegt tegenwoordig dat ze erop kunnen vertrouwen dat de regering in Washington doet wat het juiste is "bijna altijd" (3%)"

———— Pew Research Center ————
(Public Trust in Government: 1958-2019)

Aangezien de geschiedenis zichzelf vaak herhaalt, maar dan nog erger, hebben we veerkrachtig leiderschap nodig, zoals de Roosevelts, om het Amerikaanse rijk en Amerikaanse ondernemingen te leiden. Het is hoog tijd dat leiders zoals FDR opstaan. Leiders die de narigheid van covid-19 kunnen omzetten in een beroep op moed, doorzettingsvermogen en hoop. FDR was de meest bijzondere leider van de VS. Hij bracht Amerika naar de voorgrond van de wereldgeschiedenis door het fundament voor kapitalisme en de moderne onderneming te bouwen. We moeten bidden om visionaire leiders, zoals de Roosevelts, die de weg van verlossing naar de toekomst zullen bereiden om ons terug te leiden naar de stralende stad op de heuvel.

Ondertussen in de VS:

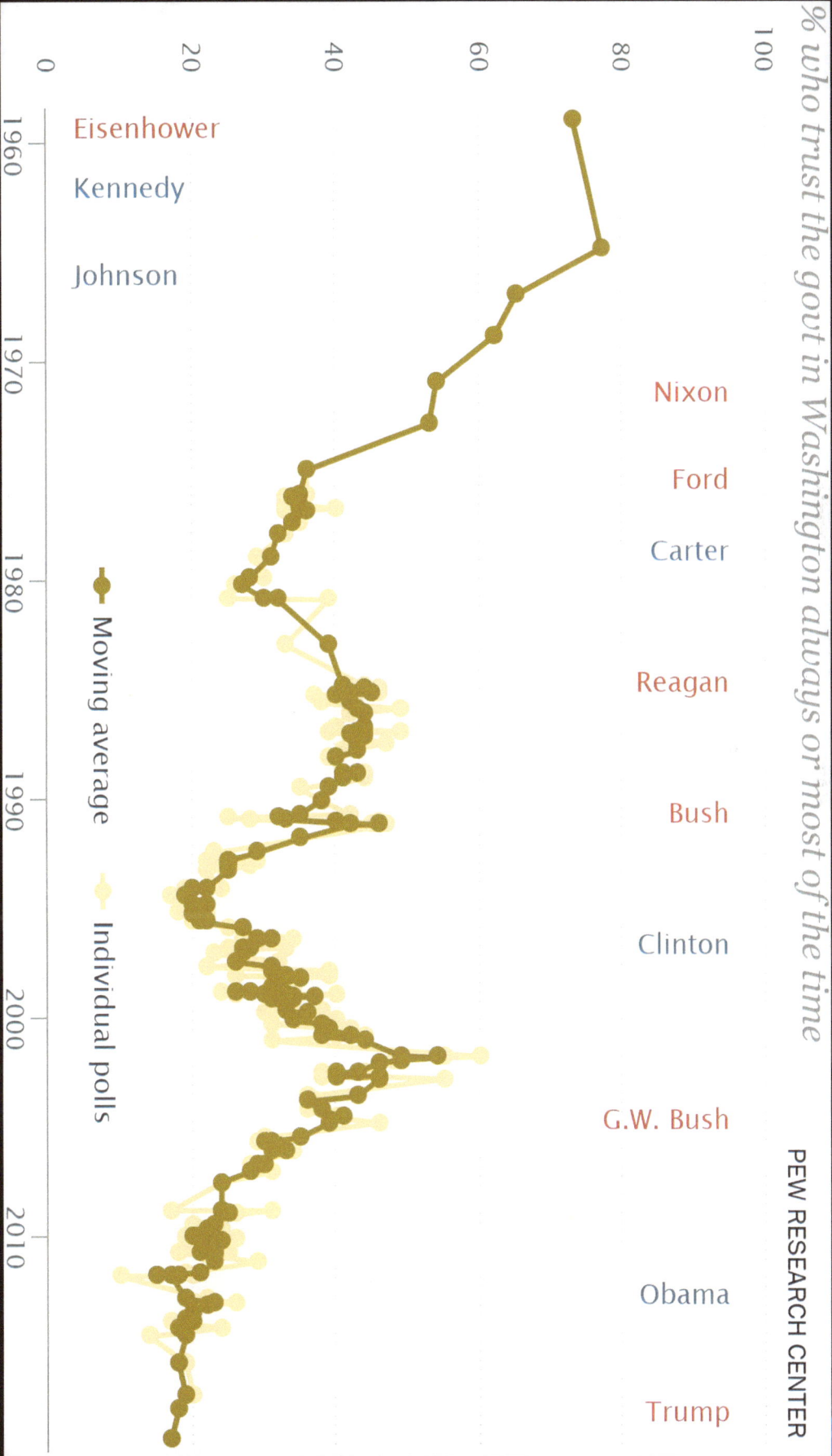

% who trust the gov't in Washington always or most of the time

PEW RESEARCH CENTER

Eisenhower
Kennedy
Johnson
Nixon
Ford
Carter
Reagan
Bush
Clinton
G.W. Bush
Obama
Trump

Moving average

Individual polls

Winston Churchill begroet Joseph Stalin met President Roosevelt buiten het
Livadia Palace tijdens de Yalta Conference, februari 1945.

Terwijl we door de existentiële klimaatcrisis gaan, hebben we profeten nodig zoals Theodore Roosevelt (TR), die erkende hoe belangrijk het was om deze natuurlijke schatten te behouden waar we zo gezegend mee zijn. TR creëerde 150 nationale bossen, vijf nationale parken, 51 federale vogelreservaten, vier nationale wildreservaten en 18 nationale monumenten op ongeveer 100 miljoen hectare openbaar land.

Laten we, terwijl we ons door het Black Lives Matter-tijdperk worstelen, leren van de 'First Lady of the World' (Eleanor Roosevelt), die Amerika opnieuw heeft gedefinieerd op basis van onze humanitaire inspanningen en strijd voor sociale rechtvaardigheid.

Franklin D. Roosevelt raakte later invalide door polio, waardoor hij vanaf zijn middel verlamd raakte, maar hij doorstond de ziekte met lef, volharding en optimisme. Als opperbevelhebber stuurde hij zijn land door de Grote Recessie en leidde hij het land door de bankencrisis. Zoals dat gebeurde tijdens de Grote Recessie, hebben we ook nu te maken met economisch herstel, dat afhankelijk is van miljoenen complexe beslissingen van miljoenen actoren, die over het algemeen mensen met eigenbelang zijn. Toen mensen het vertrouwen in het establishment en de bijbehorende systemen verloren, loste FDR de financiële crisis op door het vertrouwen in het systeem te vernieuwen.

Onze leiders moeten leren van deze oprechte en eerlijke diplomaten, die op het meest kritieke moment in de geschiedenis bruggen wisten te bouwen met alle belanghebbenden. Dankzij het doorzettingsvermogen en leiderschap van FDR, kreeg hij ongeëvenaarde steun en samenwerking vanuit het Amerikaanse congres tijdens zowel de Grote Recessie als de Tweede Wereldoorlog. Hij werkte samen met Winston Churchill en andere wereldleiders om de basis te leggen voor de Verenigde Naties en vele andere mondiale instituten, waardoor meer dan vijfenzeventig jaar vrede en welvaart tot stand kwam. Hij werkte zelfs samen met de communist Joseph Stalin om de as van het kwaad in de Tweede Wereldoorlog te verslaan. Hij beheerste de kunst van compromissen sluiten en diplomatie gebruiken, vaardigheden die we nu hard missen in Washington en het geopolitieke toneel. Hij verbond de gewone mensen van zijn natie en de wereld via zijn gesprekjes bij de open haard.

Wanneer fundamentele beproevingen en tegenspoed ons rijk en de zanderige kusten van onze bedrijfsstructuren bedreigen, hebben we leiders zoals de Roosevelts nodig, die kunnen herstellen en ons naar de stralende stad op de heuvel kunnen leiden door:

1. Ons te inspireren met een visie, een strategie en een routekaart naar de toekomst
2. Ons te leiden met hoop en vertrouwen, hoe onzeker de toekomst ook is
3. Gedurfde acties te nemen met vertrouwen en vastberadenheid
4. Samen te werken met alle belanghebbenden en zelfs onderhandelen met onze potentiële vijanden om een gezamenlijk actieplan te ontwikkelen
5. Beslissingen te nemen en door te voeren voor het grotere belang, zelfs als ze niet politiek wenselijk zijn.

Het is hoog tijd om het Middle Kingdom te analyseren en te beoordelen hoe goed zij hun troefkaarten spelen. Onze tijd raakt op. Voor het Amerikaanse rijk en onze onderneming hebben we nobele en intelligente leiders nodig, zoals de Roosevelts, die zelfvertrouwen, vastberadenheid, integriteit en diplomatie hebben, want zonder dat zullen we onvermijdelijk wankelen.

2. STEM onderwijs (Science, Technology, Engineering, en Mathematics)

> *"Diepe kennis is bewust zijn van verstoring vóór de verstoring, bewust zijn van gevaar vóór het gevaar, bewust zijn van vernietiging vóór de vernietiging, bewust zijn van rampspoed voor de rampspoed. Krachtige actie is het lichaam trainen zonder door het lichaam te worden belast, de geest oefenen zonder door de geest te worden gebruikt, in de wereld werken zonder door de wereld te worden beïnvloed, taken uitvoeren zonder door taken te worden gehinderd."*
>
> Sun Tzu - De kunst van het oorlogvoeren (476–221 v.C.)

De kwaliteit van het onderwijs heeft door de geschiedenis heen de ruggengraat van grote rijken gevormd. Sterk onderwijs is de basis van groei. Op basis van de PISA-testscores van 2015 staat de Verenigde Staten al in het 15e laagste percentiel van de ontwikkelde wereld.

Helaas zijn financiering voor scholen en publiek onderwijs het laaghangende fruit voor bezuinigingen, zeker in het tijdperk na covid-19. STEM onderwijs, zoals in wiskunde, natuurkunde en technologie. is het duurste onderwijs en dus een logisch prooi voor bezuinigingen. Daarnaast heeft de huidige economische situatie tot hoge werkloosheid geleid, wat weer zorgt voor instabiliteit thuis, met als resultaat slechte schoolprestaties, weinig kansen, en minder inkomen. Deze factoren veroorzaken een vicieuze cirkel die zorgt voor wereldwijde sociaal-economische en geopolitieke instabiliteit.

In het huidige politieke klimaat heeft onderwijs de laagste prioriteit gekregen. Naast beleidswijzigingen moeten we op zoek naar creatieve oplossingen, zoals samenwerkingen tussen filantropen, overheid en bedrijven, om dergelijke uitdagingen aan te gaan. We moeten in de VS publiek-private partnerschappen tot stand brengen, vergelijkbaar met het Duitse technisch- en beroepsonderwijs.

Net als in Singapore, Duitsland, China, Japan, Zuid-Korea en India, moet de Amerikaanse overheid actieve leiding nemen in het algemeen onderwijs. De overheid moet onderwijzers belonen en prijzen op basis van hun prestaties. Op dit moment certificeert de Verenigde Staten jaarlijks aanzienlijk minder niet ingenieurs op bachelorniveau dan China of zelfs India.

Volgens een rapport van de OESO (Organisatie voor Economische Samenwerking en Ontwikkeling) uit 2018 besteden de VS meer aan universiteiten dan bijna elk ander land. "De kosten per student zijn exorbitant hoog, en hebben vrijwel geen relatie met de waarde die studenten in ruil daarvoor kunnen krijgen." [60]

Decadentie is de schuldige: chique studentenappartementen, dure maaltijden en "de manie voor atletische sporten." We moeten het onderwijssysteem transformeren en partnerschappen aangaan met filantropen zoals Bill Gates en Bloomberg om de beroepsbevolking op te leiden en voor te bereiden op de 22e eeuw. Als een voorbeeld binnen de ICT:

The Gods Must be Crazy!
The Future (Degrees) of Science & Enginering

Thousands

—China —United States —EU top 6

Year

Source: Edicational statistics of OECD, NBS (China)

★ ★

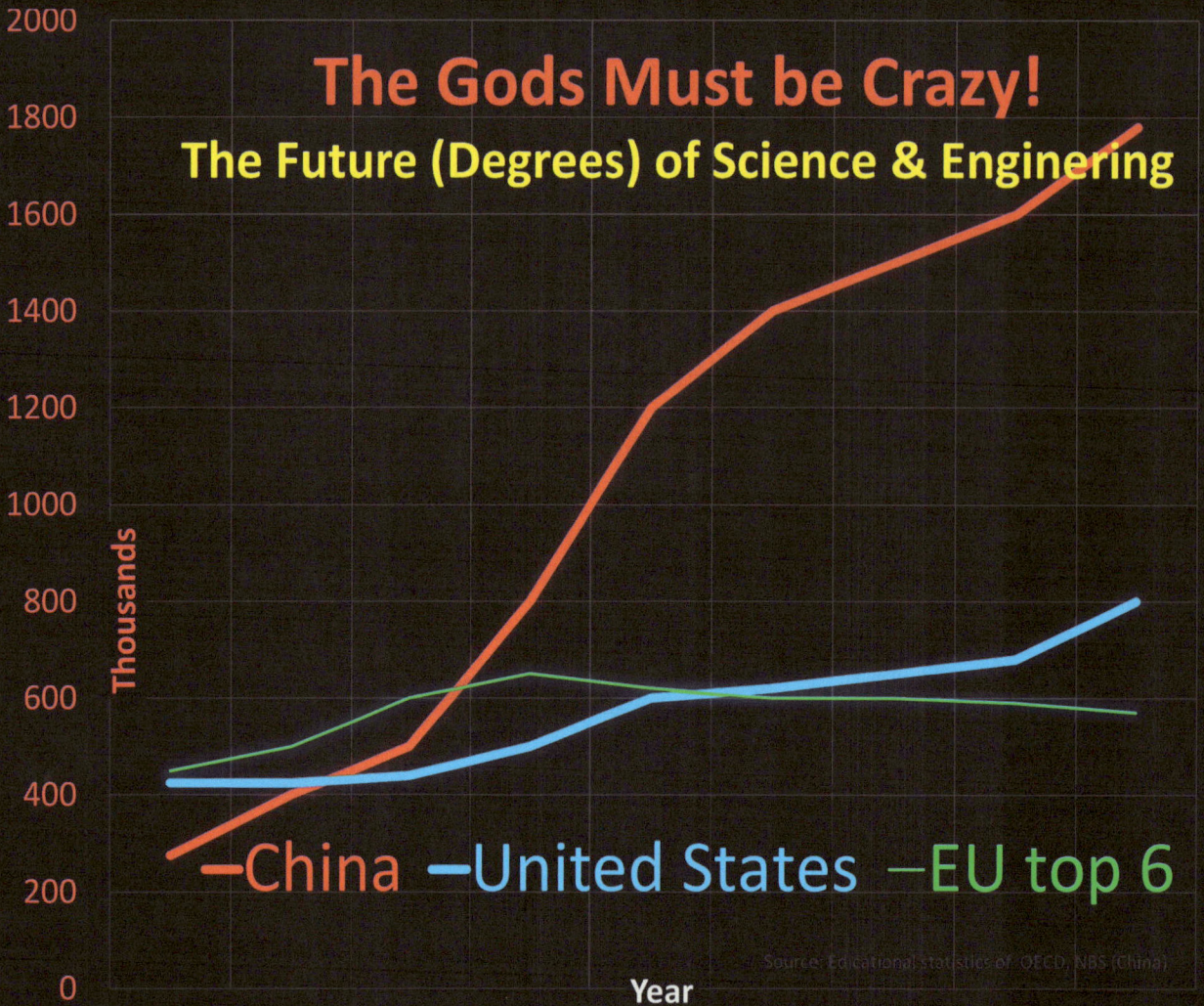

★ ICT en zakelijke systemen moeten evolueren van Transactioneel -> Operationeel -> Voorspellende Analytics AI bots (automatisering in de cloud).

★ Naast ICT staan traditionele boekhouding en de meeste zakelijke functies (vooral herhalende taken) op het punt geautomatiseerd te worden door AI bots in de cloud.

Onze beroepsbevolking moet klaarstaan voor AI, aangezien automatisering, robotisering en AI noodzakelijke kwaden zullen zijn voor economische groei en meer productiviteit. Miljoenen mensen wereldwijd zullen van beroep moeten wisselen of bijscholing nodig hebben. Mckinsey schat dat *tussen de 400 miljoen en 800 miljoen in 2030 mensen door automatisering hun baan zouden kunnen kwijtraken en een nieuwe baan moeten vinden. Van de totale verdrongen werknemers moeten 75 miljoen tot 375 miljoen mogelijk van beroepscategorie veranderen en volledig nieuwe vaardigheden leren.*

3. Onderzoek en strategische technologie

> *"Als je de vijand kent en jezelf kent, hoef je niet bang te zijn voor het resultaat van honderd veldslagen. Als je jezelf kent, maar niet de vijand, zul je voor elke behaalde overwinning ook een nederlaag lijden. Als je de vijand noch jezelf kent, zul je in geen elk gevecht standhouden."*
>
> Sun Tzu - De kunst van het oorlogvoeren (476–221 v.C.)

Is het meest waardevolle bedrijf van Amerika zijn schwung kwijt? Naast het terugkopen van aandelen en het uitmelken van de oude iPhones, inmiddels technologisch generaties achter op de concurrenten uit het oosten, welke innovaties heeft Apple het afgelopen decennium nog gebracht? Apple lijkt gestorven te zijn met Steve Jobs.

Onze eenhoorns in Silicon Valley gaan op avontuur, met name richting het oosten. Het lijkt erop dat Silicon Valley ook de richting kwijt is geraakt.

> *"Durfkapitaal en tech start-ups zijn een gevaarlijk, "Ponzi-schema met hoge inzet aan het maken" en een "bizarre Ponzi-bubble."*

— Chamath Palihapitiya —
(Miljarden=-investeerder en voormalig
Vice-President van Facebook voor de afdeling User Growth)

De Chinezen lopen al voorop in technologische ontdekkingen op bekende gebieden zoals elektronica, machines, auto's, hogesnelheidstreinen en luchtvaart. Maar ze stimuleren ook technologische innovatie in nieuwe opkomende gebieden zoals 5G, hernieuwbare energie, geavanceerde kernenergie, communicatietechnologie van de volgende generatie, big data en supercomputers, AI, robotica, ruimtetechnologie en elektronische handel.

In 2018 dienden de Chinezen bijna 50% van de octrooiaanvragen wereldwijd in, met een record van 1,54 miljoen in geavanceerde technologie. De Verenigde Staten zaten slechts op minder dan 600.000, ter vergelijking. Het aantal patenten op het gebied van Artificial Intelligence (AI: kunstmatige intelligentie) in China haalde de VS al in 2014 in en China heeft sindsdien een hoog groeipercentage vastgehouden.

De meeste Chinese leiders zijn ingenieurs die denken vanuit een strategisch langetermijnperspectief, naar veerkracht en waarde, in plaats van zich te richten op extreme financial engineering op de korte termijn. Ze geven prioriteit aan, en richten zich op de lange termijn, op 22^e-eeuwse technologieën, zoals kunstmatige intelligentie, cloudcomputing, big data-analyse, blockchain en informatie- en communicatietechnologie (ICT).

Naarmate de Chinese Digital Silk Road zich verder uitbreidt, zullen Chinese pseudo-ondernemingen wereldwijd onbetaalbare inzichten in de data hebben. Net zoals FAANG (Facebook, Apple, Amazon, Netflix, en Google) realtime data gebruikt om het klantengedrag in het westen te analyseren. Omdat dergelijke bedrijven samenwerken met de Chinese regering, zullen ze bevoorrechte toegang hebben tot alle onderdanen van het Middle Kingdom, in tegenstelling tot hun westerse concurrenten. Deze Chinese quasi-ondernemingen zullen buitengewone privileges hebben in de volgende generatie technologie, zoals IoT (Internet of Things), AI (kunstmatige intelligentie) en autonome voertuigen, voor ten minste tweederde van de wereld via het DSR-platform.

Helaas worden in het Westen de hedendaagse ondernemingsstructuren en technologieën die dateren van vóór het wereldwijde web beheerd door gespecialiseerde financiële ingenieurs, die heel wat lijken maar dat niet zijn. Hun ontwerpen en visie hebben geen enkele relatie tot het digitale tijdperk. Zoals gebeurde tijdens de Roosevelts, moeten universiteiten via publiek-private partnerschappen in de belangrijkste sectoren investeren en ze koesteren en versterken, vergelijkbaar met wat we zien gebeuren in China, Japan, Zuid-Korea en Duitsland.

4. Architectuur van infrastructuur

> *"De generaal die een veldslag wint, maakt veel berekeningen in zijn tempel voordat de strijd wordt gestreden. De generaal die een veldslag verliest, maakt maar weinig berekeningen.*
>
> Sun Tzu - De kunst van het oorlogvoeren (476–221 v.C.)

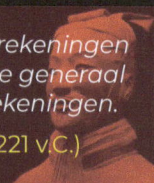

The Gods Must be Crazy!
The Future of Artificial Intelligence
(AI Patent Applications)

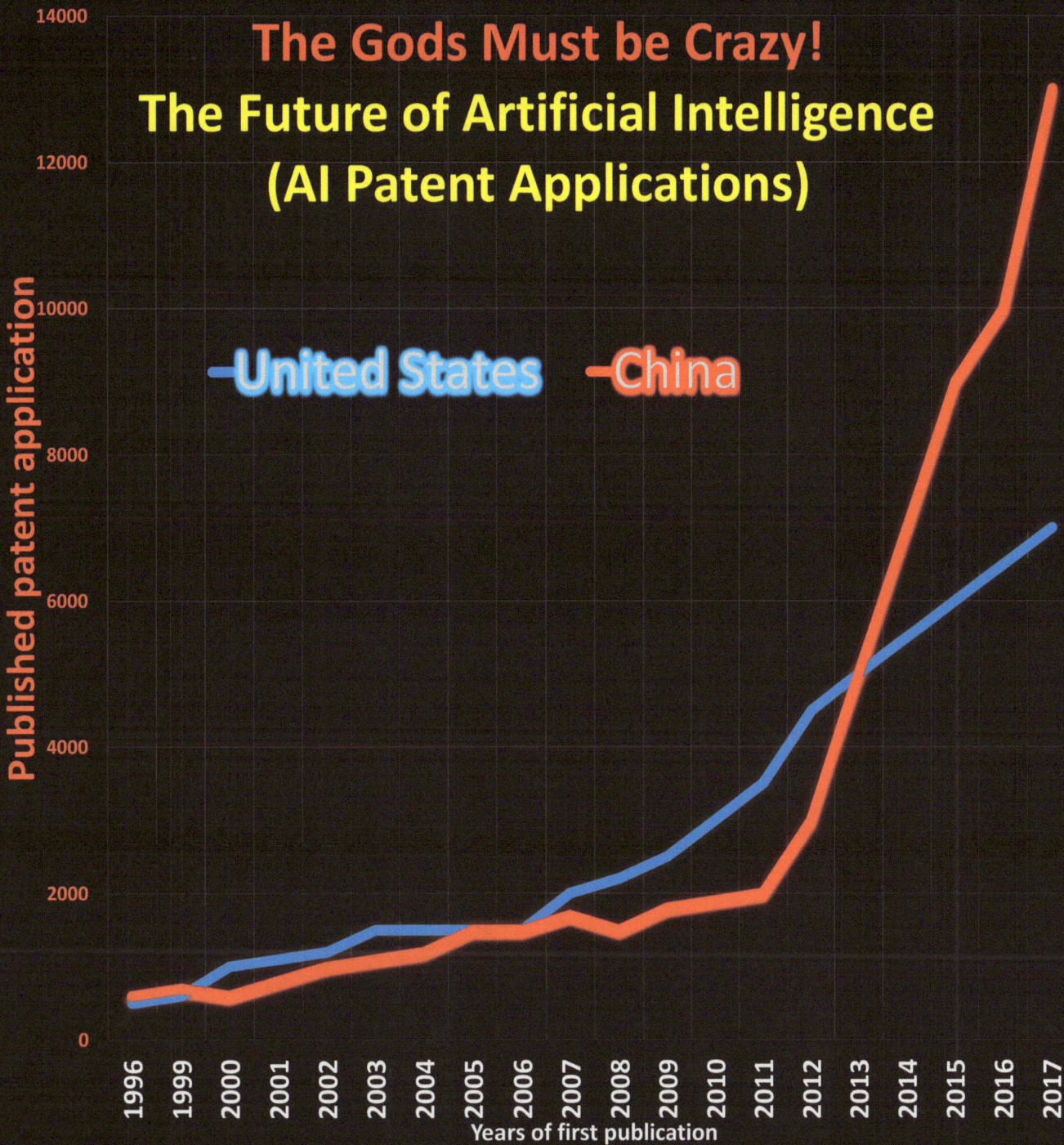

Om te overleven, moeten we een moderne versie opstellen van de 'New Deal' die Franklin D. Roosevelt een eeuw geleden onder vergelijkbare omstandigheden implementeerde. Net als hij, moeten we significante investeringen doen in onze verwaarloosde infrastructuur.

Terwijl China landen economisch probeert te koloniseren, moeten we onze progressieve versie van een Global Marshall Plan onderzoeken als tegenwicht voor China's Belt & Road initiatieven en technologische infrastructuur.

**Railroadlines
Under Construction**

Railroadlines Existing

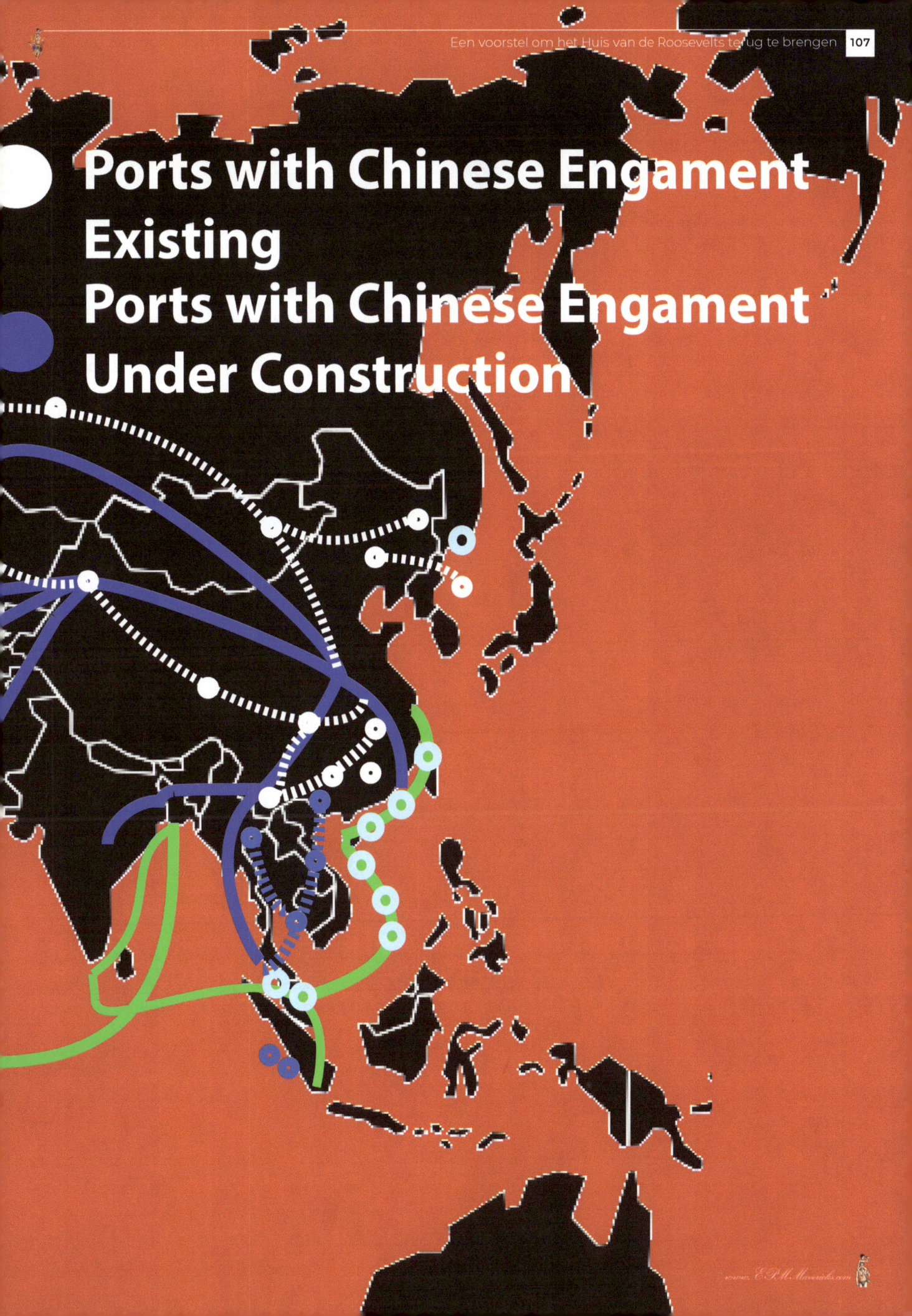

Ports with Chinese Engament Existing

Ports with Chinese Engament Under Construction

★ We moeten het ondernemerschap nieuw leven inblazen via publiek-private partnerschappen en universiteiten.

★ De overheid moet aandeelhouder worden in strategische ondernemingen om ze te helpen bij het herstel.

★ De overheid moet toezicht houden op private equity-bedrijven en durfkapitalisten in kritieke sectoren, vooral in Silicon Valley. Aanzienlijke roofzuchtige financiering komt uit China met de bedoeling onze intellectuele eigendommen te stelen, wat een potentiële bedreiging vormt voor onze nationale veiligheid.

★ We moeten het verouderde immigratiesysteem afschaffen en ons concentreren op verdiensten. Veel van de Amerikaanse innovatieve hightech leiders zijn het resultaat van hoogwaardige immigratie.

★ Net zoals Roosevelt deed, moeten we de monopolies en de too-big-to-fail bedrijven opsplitsen, omdat ze drempels voor innovatie opwerpen.

"Het midden- en kleinbedrijf (mkb) vormt meer dan 99% van het totale aantal bedrijven in de landen waar we werken. Ze zijn verantwoordelijk voor grote bijdragen aan toegevoegde waarde en werkgelegenheid"

— De European Bank for Reconstruction and Development (EBRD) —

5. Digitale architectuur

"Maak eerst plannen die de overwinning zullen verzekeren, en leidt vervolgens je leger naar de strijd; als je niet met strategie begint, maar uitsluitend op brute kracht vertrouwt, is de overwinning niet langer verzekerd"
"Laat je plannen zo donker en intransparant zijn als de nacht, en als je beweegt, beweeg dan als een bliksemschicht."

Sun Tzu - De kunst van het oorlogvoeren (476–221 v.C.)

"We moeten de kansen grijpen die worden geboden door industriële digitalisering en digitale industrialisering, de bouw van nieuwe infrastructuren zoals 5G-netwerken en datacenters versnellen, en de structuur versterken van strategische opkomende industrieën en toekomstige industrieën, zoals de digitale economie, leven en gezondheid en nieuwe materialen."

— Xi Jinping, Algemeen Secretaris van de Communistische Partij van China —

China heeft al specifieke overeenkomsten voor de Digital Silk Road (DSR) ondertekend met veel van hun huidige partnerlanden in het Belt and Road Initiative (BRI). DRS is een Trojaans paard voor Beijing om hun wereldwijde invloed te kunnen uitbreiden zonder concurrentie. Het is een digitale achterdeur voor Chinese technologiebedrijven zoals Huawei, Tencent en Alibaba om hun wereldwijde zakelijke invloed uit te breiden en hun westerse concurrenten te torpederen.

Terwijl wij nog vastzitten in conflicten rond 2G/3G/4G, is China hun 5G al hard aan het uitbreiden en zijn ze al bezig met 6G. Meer dan een jaar geleden verleende China al vergunningen aan China Mobile, China Unicom en China Telecom. In 2019 begonnen deze telecombedrijven die staatseigendom zijn met de uitrol van 5G-netwerken in steden in het hele land. Vanaf 50.000 basisstations in 2019 zit China al boven een half miljard 5G abonnementen. In alleen de eerste helft van 2021 hebben ze al 190.000 nieuwe 5G-basisstations toegevoegd. [61]

Carrier	5G subs total (millions)	New 5G subs in 2021 (millions)	5G base stations	New 5G base stations 2021	Total subscribers (millions)
China Mobile	251	86	501,000	111,000	946
China Unicom	121	42.2	460,000	80,000	310
China Telecom	131	44.5	460,000	80,000	362
Totals	503	172.7	1,421,000*	271,000	1,618

Source: https://www.theregister.com/2021/08/20/china_5g_progress/

China is eigenaar of partner in de aanleg van ongeveer 30% van de kabels in heel Azië en wil binnenkort 50% marktaandeel halen. Huawei 5G is geavanceerder dan de netwerken van westerse concurrenten, en zet het goedkoop in de markt voor de rest van de wereld.. De Chinese satellietnavigatiesystemen hebben meer satellieten dan het GPS systeem van de VS. Minstens 30 landen uit het Belt and Road Initiative (BRI) hebben zich al ingetekend voor het BeiDou navigatienetwerk.

Naast de economische kolonisatie van China, zijn ze ook bezig met digitale kolonisatie. Daarom moeten we onze progressieve versie van een Global *digitaal* Marshall Plan onderzoeken als tegenwicht voor China's Belt & Road initiatieven en technologische infrastructuur.

Het zal een enorme taak worden voor westerse ondernemingen om de door de staatsgesubsidieerde monolithische Chinese semi-ondernemingen in te halen, zoals Alibaba, Huawei, Tencent en ZTE, die ultramoderne producten leveren tegen een wegwerpprijs, dankzij alle subsidies.

6. Kennismanagement

> *"Beschouw je soldaten als je kinderen, en ze zullen je volgen tot in de diepste dalen; beschouw hen als je eigen geliefde zonen, en zij zullen je tot in de dood bijstaan. Maar, als je toegeeflijk bent, maar niet in staat bent je autoriteit te laten gelden; vriendelijk, maar niet in staat om je bevelen af te dwingen; en bovendien niet in staat om wanorde te onderdrukken: dan moeten de soldaten worden vergeleken met verwende kinderen; ze zijn nutteloos voor enig praktisch doel."*
>
> Sun Tzu - De kunst van het oorlogvoeren (476–221 v.C.)

Wat we nu nodig hebben, is hightech en veerkrachtige techniek - geen financial engineering die alleen dient om te verspillen wat we wel hebben. De productiviteit van de kennis van een onderneming, hun werknemers, is de sleutel tot succes. Kennisbeheer is gevoelig voor een cultuur van teamwerk, leren en innovatie. Empowerment van teams leidt tot ondernemerschap door kennis, het fundament voor de toekomst van de organisatie. Helaas zijn kennismiddelen in de huidige omgeving het eerste slachtoffer. Zij krijgen dezelfde behandeling als

China's Global Infrastructure Footprint

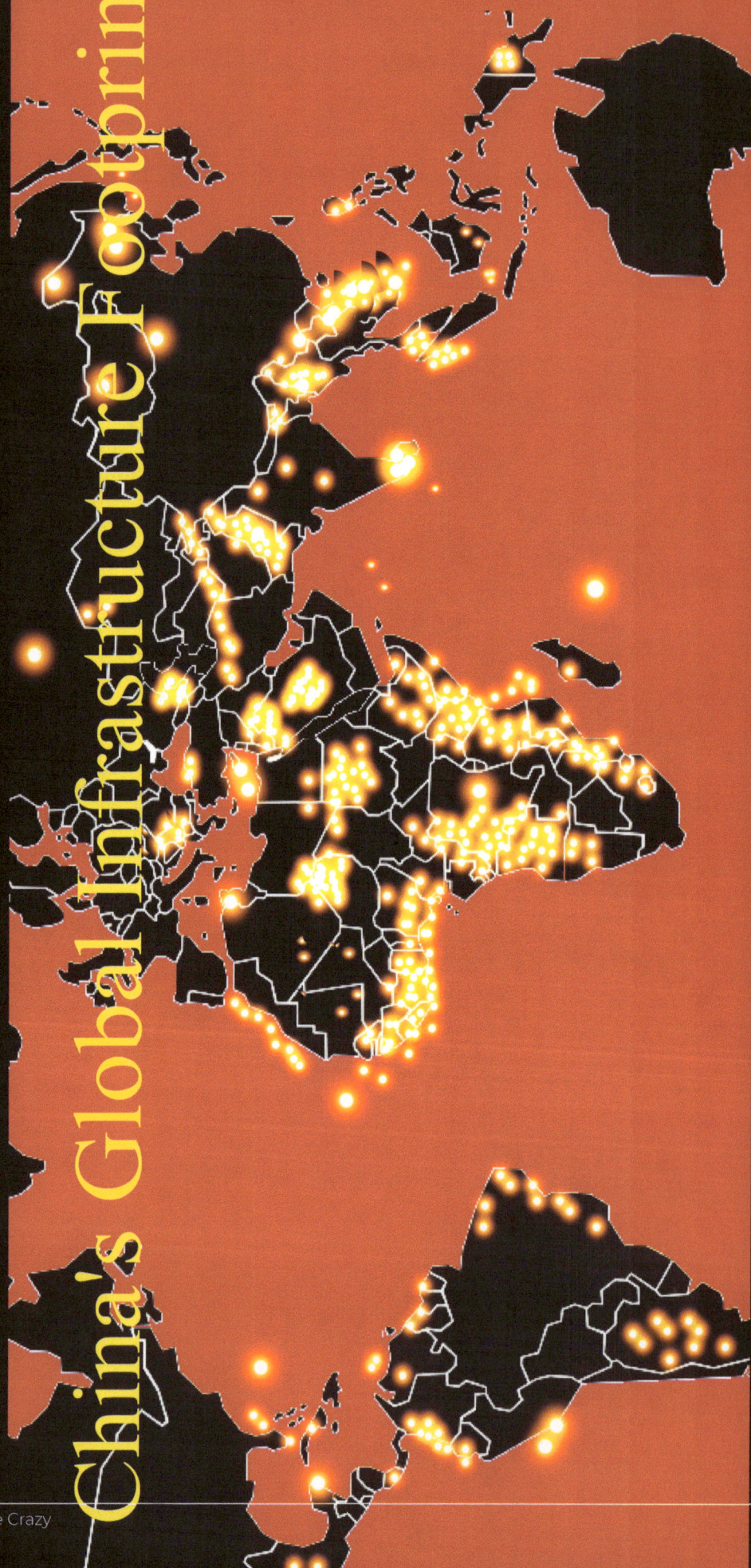

aansprakelijkheidskosten, wat heeft geresulteerd in het huidige werkloosheidscijfer in Amerika van rond de veertig miljoen.

Kennismiddelen zijn geen vervelende verplichtingen, maar juist de ruggengraat van ondernemingen.

> *"De verstandige werkgever van mensen zal de wijze man, de dappere man, de hebzuchtige man en de domme man in dienst nemen. Want de wijze man geniet ervan zijn verdienste te bewijzen, de dappere man toont graag zijn moed in actie, de hebzuchtige man is snel in het grijpen van voordelen en de domme man is niet bang voor de dood."*
>
> Sun Tzu - De kunst van het oorlogvoeren (476–221 v.C.)

De modellen van McKinsey laten zien dat *rond 2030, 30 tot 40 procent van alle werknemers in ontwikkelde landen nieuwe beroepen moeten gaan uitoefenen of hun vaardigheden aanzienlijk moeten verbeteren en veranderen*[62]. Tektonische veranderingen liggen voor ons in ongeveer 60% van de banen; 30% van de huidige activiteiten zullen geautomatiseerd worden. Gelukkig betekent dat ook dat geschoolde werknemers die al schaars zijn, nog gewilder zullen worden. De covid-19 pandemie versnelt de verschuiving naar digitalisering en automatisering.

★★★

Evolution of Knowledge Enterprise

> *"90% of the knowledge in the organization is in the heads of the people. Management spends 75 % of their time on the knowledge that is written down."*
> - Bob Buckman

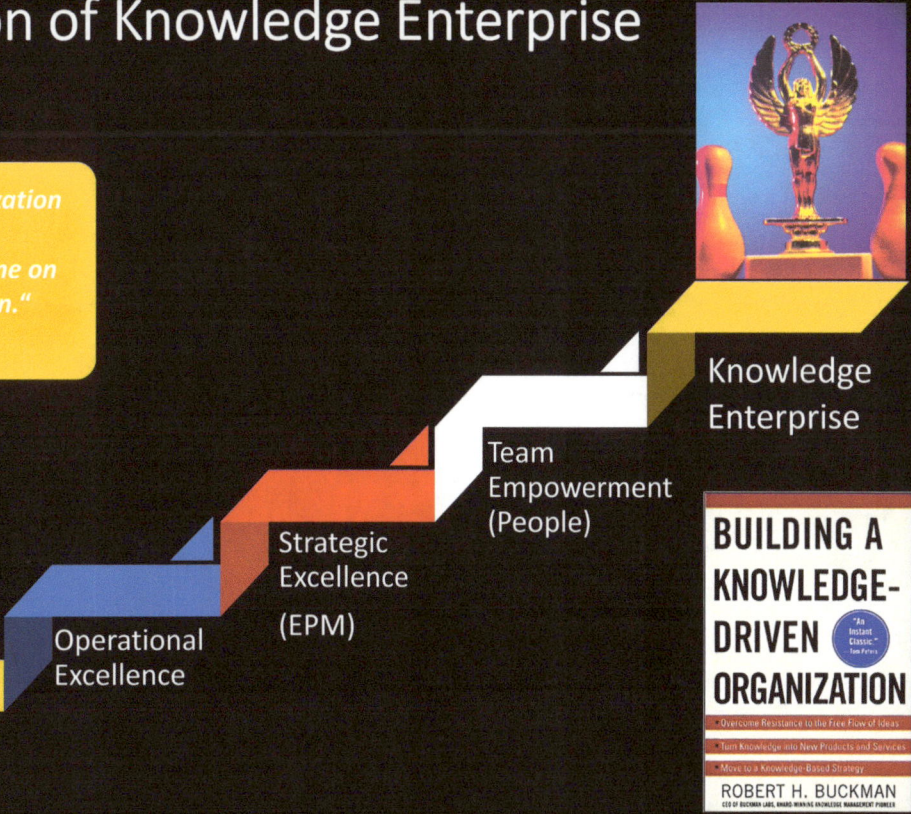

Operational Excellence

Strategic Excellence (EPM)

Team Empowerment (People)

Knowledge Enterprise

BUILDING A KNOWLEDGE-DRIVEN ORGANIZATION

"An Instant Classic." Tom Peters

Overcome Resistance to the Free Flow of Ideas
Turn Knowledge into New Products and Services
Move to a Knowledge-Based Strategy

ROBERT H. BUCKMAN
CEO OF BUCKMAN LABS, AWARD-WINNING KNOWLEDGE MANAGEMENT PIONEER

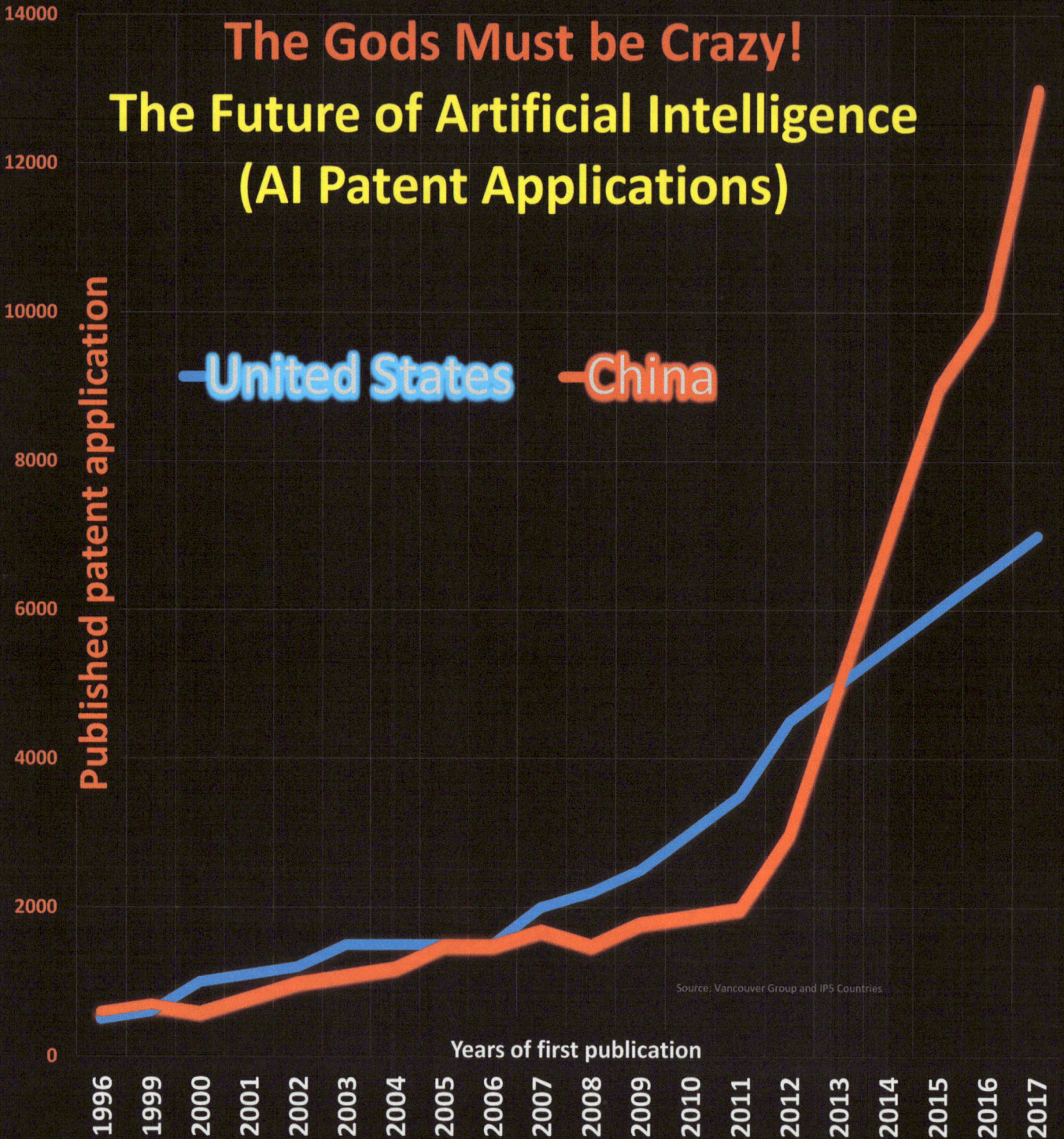

The Gods Must be Crazy!
The Future of Artificial Intelligence
(AI Patent Applications)

Published patent application

United States   China

Source: Vancouver Group and IP5 Countries

Years of first publication

De VS was vroeger de wereldwijde leider in kennis op allerlei gebieden, van landbouw tot gezondheid, defensie, energie en tal van andere gebieden. Maar helaas, zoals de onderstaande grafiek laat zien, hebben de federale investeringen een lange en gestage daling van het BBP doorgemaakt. Deze afname van Amerikaanse investeringen is het recept voor de economische en strategische neergang. Ondertussen versnelt China juist hun toezeggingen, waar ze nu al de vruchten van kunnen plukken.

7. Diplomatie

"Houd je vrienden dichtbij en je vijanden nog dichterbij."
Sun Tzu - De kunst van het oorlogvoeren (476–221 v.C.)

We moeten nu diplomatieke bruggen gaan bouwen, en muren afbreken, niet opbouwen. In plaats van ons terug te trekken en China het voortouw te laten nemen, zouden we naar voren moeten springen om het voortouw te nemen door onze handelsallianties volledig te vernieuwen, zoals de WTO, de Wereldbank, het IMF, de VN en de WHO, die Roosevelt onmiddellijk na de Tweede Wereldoorlog oprichtte. We moeten het leiderschap van het Trans-Pacific Partnership (TPP) veiligstellen en ons voorbereiden om stappen te ondernemen om China tegenwicht te bieden. De Trans-Pacific Partnership Agreement was een voorgestelde handelsovereenkomst tussen Australië, Brunei, Canada, Chili, Japan, Maleisië, Mexico, Nieuw-Zeeland, Peru, Singapore, Vietnam en de Verenigde Staten, ondertekend in 2016. Helaas trok de vorige regering onder president Trump zich in 2017 terug uit het partnerschap en China profiteerde van de terugtrekking van de VS.

Tijdens de jaren van Roosevelt was Amerika het meest gerespecteerde land ter wereld, met de meeste netto internationale investeringen (in percentage BBP). De Verenigde Staten bezaten tot rond de jaren tachtig meer buitenlandse bezittingen dan buitenlanders van hun bezaten. Maar sinds de jaren 90, dankzij de decadent en dure levensstijl, is de VS bezig geweest om hun geliefde bezittingen te verkopen aan buitenlanders.

Sinds 2016 is China de belangrijkste handelspartner van de meeste landen (124). Dat ligt twee keer zo hoog als van de VS, met slechts 56 landen. Wat ook zorgen baart, is dat Amerikaanse ambassadeursposten te koop zijn voor rijke donoren. Normale presidentiële campagnes kosten miljarden dollars, en alles is te koop voor de rijken en machtigen. Amerika geeft ongeveer 5000% meer uit aan defensie, dan aan het Ministerie voor internationale betrekkingen. Om Robert Gates (voormalig minister van Defensie) te citeren: *"Er werken meer mensen bij militaire fanfares dan als personeel in de hele Amerikaanse buitenlandse dienst."*

"Opportunistische relaties zijn moeilijk stabiel te houden. De ontmoeting van eervolle mensen, zelfs op afstand, voegt geen bloemen toe in tijden van warmte en wisselt niet van blad in tijden van kou: het blijft de vier seizoenen bestaan zonder te vervagen, wordt steeds stabieler terwijl het langs zowel gemak als gevaar gaat.
Sun Tzu - De kunst van het oorlogvoeren (476–221 v.C.)

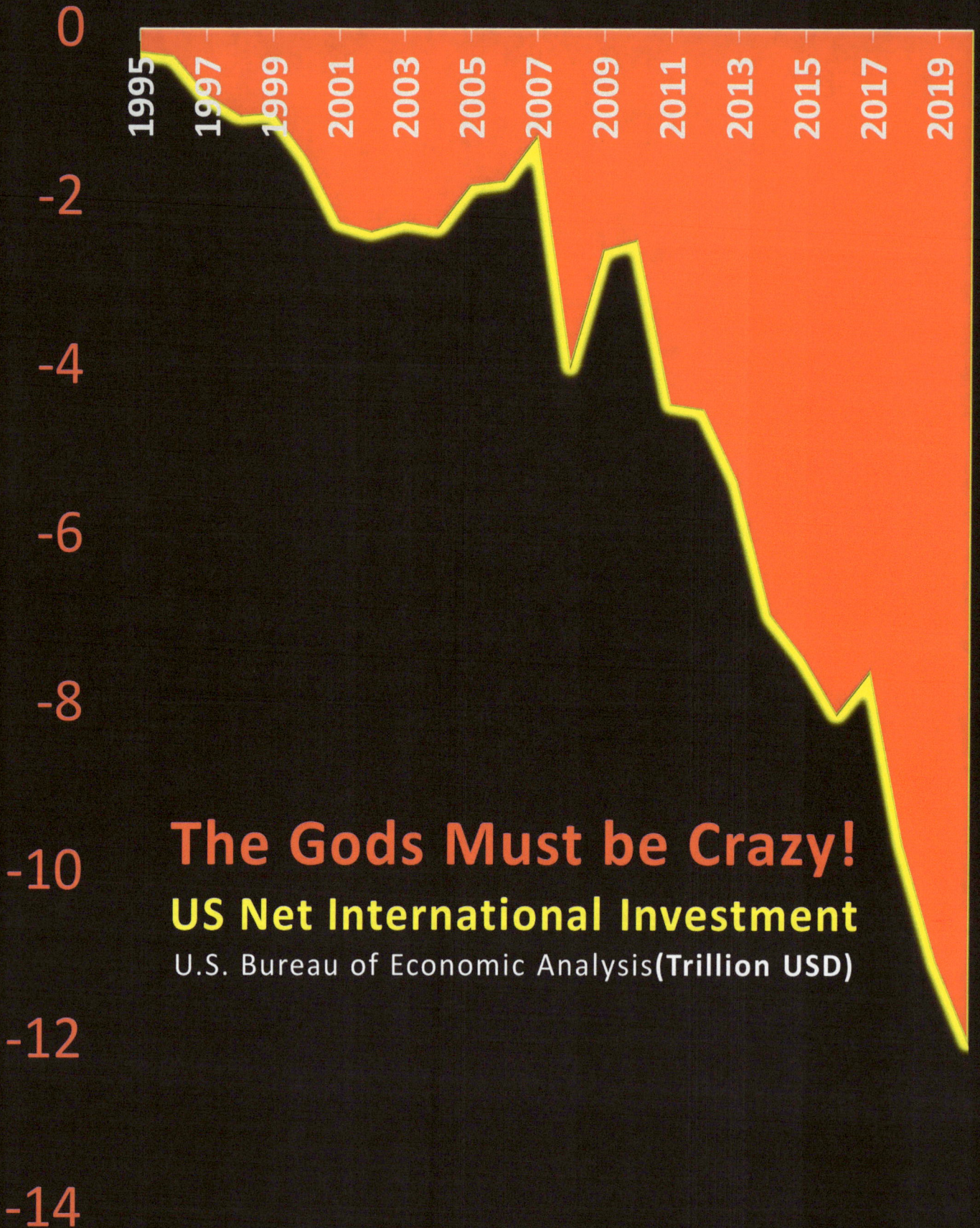

The Gods Must be Crazy!

US Net International Investment

U.S. Bureau of Economic Analysis**(Trillion USD)**

De VS was vroeger erg machtig omdat de rest van de wereld ons vertrouwde als de bewaker van handelsrelaties. Daarom gaven ze ons de bevoorrechte geldpers van reservevaluta. Als we die handelsrelaties verkwanselen, zal het Middle Kingdom dat privilege binnenkort voor zichzelf pakken.

De VS had betere relaties en exporteerde tot rond de jaren zeventig meer producten en diensten dan het importeerde. Helaas hebben we onze mojo in handelsdiplomatie in de afgelopen twee decennia verloren en zijn we een geïsoleerde stortplaats geworden, vooral voor China, zoals weergegeven in de onderstaande grafiek.

8. Gouden standaard voor wereldvaluta

> *"Het starten van een winnende oorlog is als het balanceren van een gouden munt tegen een zilveren munt. Het starten van een verliezende oorlog is als het balanceren van een zilveren munt tegen een gouden munt."*
>
> Sun Tzu - De kunst van het oorlogvoeren (476–221 v.C.)

De reservevaluta geeft de Amerikaanse onderneming het "goddelijke voorrecht" om meer geld te lenen tegen lagere kosten. Het stelt Amerika ook in staat enorme macht uit te oefenen over alle financiële activiteiten in de Amerikaanse dollar die wereldwijd plaatsvinden, zoals het controleren van de regimes in Iran, Venezuela en Noord-Korea. Dankzij Roosevelt werd de Amerikaanse dollar in 1944 de wereldwijde reservevaluta. Op dat moment was de VS economisch, financieel en militair het meest invloedrijke land. Maar de grote macht van de reservevaluta komt met een nog grotere verantwoordelijkheid.

75 jaar geleden besloeg de Amerikaanse economie ongeveer 40% van de wereldwijde economie. Momenteel is dat, gecorrigeerd voor koopkracht, nog maar minder dan 15%. Ondertussen schiet China snel door tot over de 20%. Ons misbruik van ons privilege als voogd van reservevaluta heeft onze goodwill verspeeld. We moeten onze huidige methoden veranderen, anders zijn de dagen van ons rijk geteld.

Gelukkig wordt 79,5% van alle wereldhandel nog altijd in Amerikaanse dollar gedaan, dankzij de reservestatus[63]. In plaats van de reservevaluta te misbruiken als politiek instrument en het onbeperkt bij te drukken, moeten we het vertrouwen in de Amerikaanse dollar als reservevaluta terugwinnen voordat het zijn status verliest aan de renminbi en bijbehorende cryptomunten. We moeten het IMF, de Wereldbank en het Amerikaanse bankensysteem moderniseren in lijn met de opkomst van Chinese financiële centra en hun cryptovaluta. Net zoals de universele taal van de wereld nog altijd Engels is, hebben reservevaluta de neiging een langere houdbaarheid te hebben omdat de gewoonte van gebruik iets langer aanhoudt. Desalniettemin, vroeg of laat, als de rest van de wereld vatbaar is voor handel in de Chinese Yuan, zal zijn glitter vervagen. Facebook, dat ook kwijlt om zijn verslaafden digitaal te koloniseren met elektronische dollar (Libra, nu Diem, een cryptomunt).

9. Elektronische dollar

> *"Te midden van chaos zijn er ook kansen."*
>
> Sun Tzu - De kunst van het oorlogvoeren (476–221 v.C.)

The Gods Must Be Crazy!
US Trade In Goods With China
U.S. Department of Commerce (Billion USD)

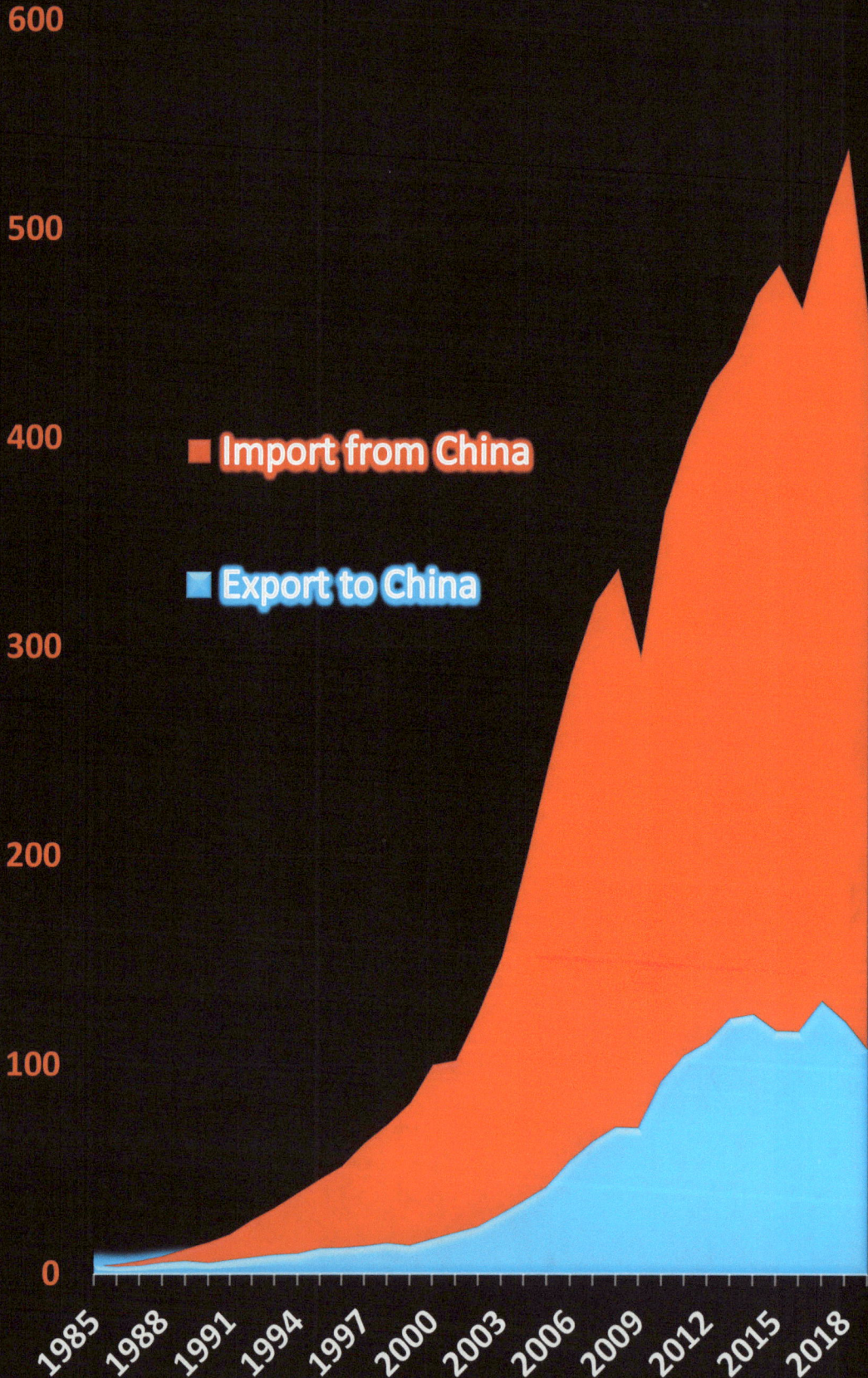

Legend:
- Import from China
- Export to China

Meer dan 75 jaar lang heeft de Verenigde Staten, zowel direct als indirect, het grootste deel van de financiën van de wereld in handen gehad. We hebben deze invloed vanwege onze reservestatus en onze controle over instellingen zoals de Society for Worldwide Interbank Financial Telecommunication (SWIFT), een internationaal communicatienetwerk tussen banken.

In 2019 heeft de Europese Special Purpose Vehicle (SPV) handelsbeurzen (INSTEX) opgezet om non-dollar en non-SWIFT-transacties met Iran mogelijk te maken om te voorkomen dat de Amerikaanse sancties worden overtreden. INSTEX is een soort van ruilsysteem waarmee bedrijven in de Europese Unie, en mogelijk de rest van de wereld, het Amerikaanse financiële systeem kunnen omzeilen door op SWIFT gebaseerde internationale betalingen in Amerikaanse dollar te elimineren. Als drie belangrijke bondgenoten van de VS (Duitsland, Frankrijk en het VK) dit doen om handel te kunnen drijven met Iran, is dat een gevaarlijk schot voor de boeg. Amerika moet dat erkennen als een bedreiging, niet alleen tegen het Amerikaanse beleid, maar als een voorbode van het einde van de reservestatus van de dollar. De handelsdeal tussen China en Iran kan ook in renminbi worden geregeld en veel andere landen, zoals India, zullen dit voorbeeld binnenkort ook volgen. Alhoewel China een gesloten samenleving is, heeft het een open zakelijke houding en bestuderen ze het Amerikaanse systeem uitgebreid voordat er strategische stappen worden gezet. Het lijkt erop dat onze open kapitalistische samenleving op weg is naar extreme bekrompenheid. We zijn onverantwoordelijk met ons exceptionalisme en gebrek aan strategisch denken op de lange termijn. Het is hoog tijd dat Amerika de strategische partners erkent die hebben geholpen om een supermacht te vormen.

Sinds de economische tsunami van 2008 heeft China het vertrouwen in westerse instellingen verloren en is het gaan kijken naar alternatieve oplossingen. Ze creëerden het Cross-Border Interbank Payment System (CIPS). China heeft alternatieve financiële mega-instellingen opgericht, gevestigd in China zelf, zoals de Asia Infrastructure Investment Bank (AIIB) en de New Development Bank (NDB, voorheen bekend als de BRICS Bank) als alternatief voor het door de VS opgerichte IMF en de Wereldbank. De Chinezen hebben ook geavanceerdere digitale betalingssystemen ontwikkeld, zoals WeChat en Alipay, die ongeveer twee miljard actieve gebruikers hebben en exponentieel zullen groeien zodra ze via het Digital Silk Road-platform (DSR) internationaal worden uitgerold.

Terwijl het westen vocht tegen COVID-19 en burgerlijke onrust, lanceerden de Chinezen het Blockchain Service Network (BSN). Deze "digitale yuan" is het grootste blockchain-ecosysteem ter wereld, waardoor China de eerste grote economie is die een nationale digitale valuta, de elektronische yuan, uitgeeft. Het Blockchain Service Network (BSN) staat bekend als de *infrastructuur van infrastructuren*. Dit gedistribueerde blockchain-ecosysteem zonder toestemmingen maakt de verticale integratie van big data, 5G-communicatie, industriële IoT, cloud computing en kunstmatige intelligentie mogelijk. Deze financiële technologie zal ook verschillende andere mogelijkheden bieden. Het Blockchain Service Network (BSN) is het belangrijkste doel geworden van het economische deel van de Digital Silk Road (DSR), door een platform van onderlinge verbondenheid te bieden voor China's partners in het Belt and Road Initiative.

Zoals een rapport van JPMorgan aangeeft: "*er is geen land dat meer kan verliezen door het disruptieve potentieel van digitale munten dan de Verenigde Staten*". Helaas is het verouderde Amerikaanse financiële platform dat door Wall Street beheerd wordt, meer dan rijp voor wat digitale disruptie. Als we niet direct actie ondernemen, zullen de Chinezen dat verouderde systeem, inmiddels meer dan 75 jaar oud, eenvoudig kunnen overwinnen.

The Gods Must Be Crazy!
Government Research and Development
Percent of Gross Domestic Product

US   CHINA

Sources: CBO and Chinese People's Political Consultative Conference

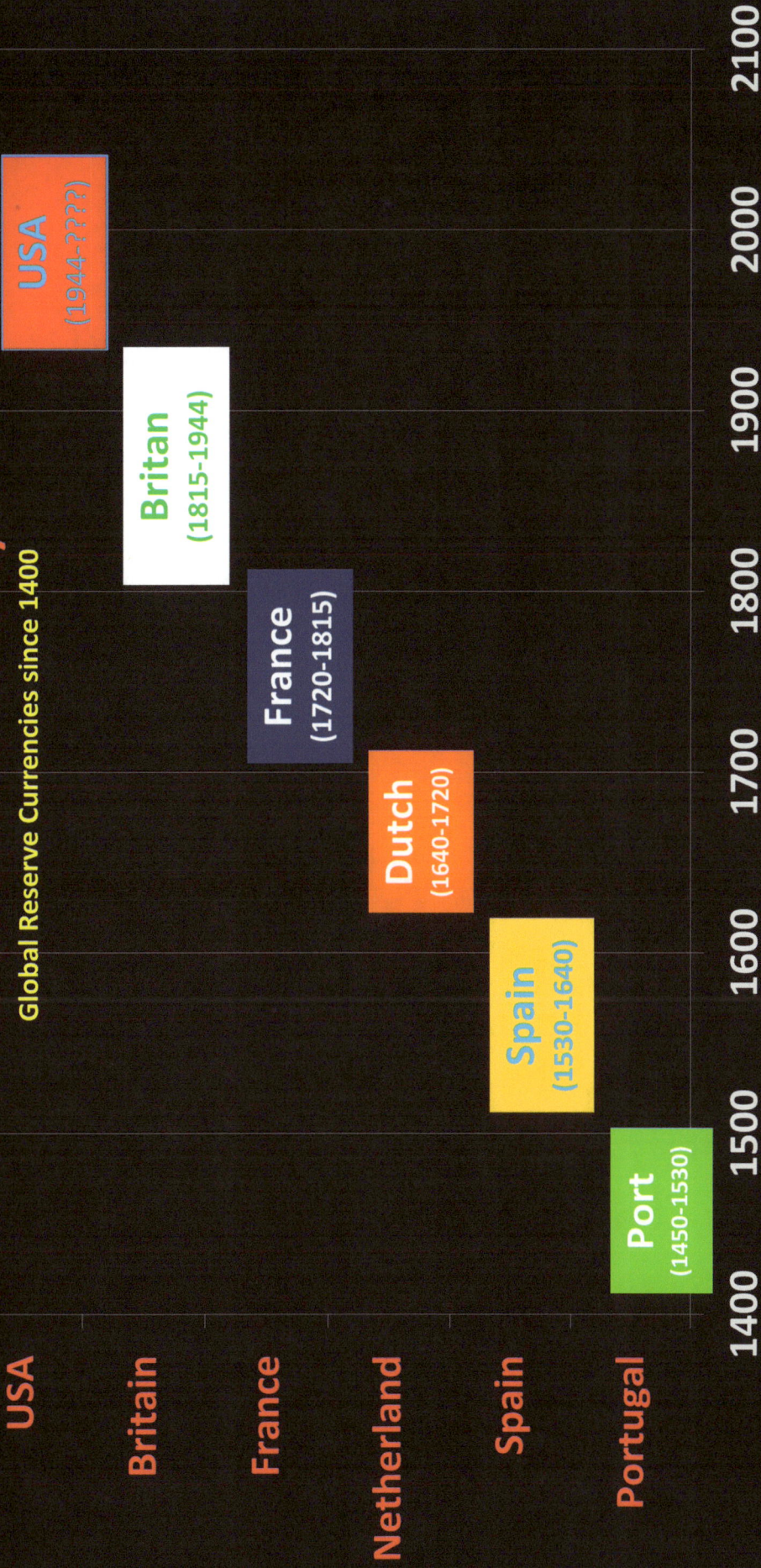

The Gods Must be Crazy!
Global Reserve Currencies since 1400

USA (1944-????)
Britan (1815-1944)
France (1720-1815)
Dutch (1640-1720)
Spain (1530-1640)
Port (1450-1530)

10. Financieel kapitaal

> *"Hij die wil gaan vechten, zal eerst de kosten moeten tellen."*
> Sun Tzu - De kunst van het oorlogvoeren (476–221 v.C.)

New York was ooit het financiële zenuwcentrum van de wereld, als de verantwoordelijke ingenieurs van de vrije wereld. Maar door de extreme financial engineering is New York inmiddels een catacombe van het kapitalisme geworden.

China daarentegen, is hard bezig om een financieel centrum vanuit Shanghai te ontwikkelen, wat snel invloed aan het winnen is. Het aantal publieke ondernemingen dat in de VS geregistreerd staat is sinds de piek eind jaren 90 al lang aan het afnemen. Het is gedaald van een piek van 7.000 bedrijven, naar slechts 3.000 op het moment van schrijven.[64] Nogmaals, dit beperkte aantal vloeit voort uit de financial engineering via private equity, fusies en overnames en uitstroom van kapitaal.

Ondertussen is de Chinese aandelenmarkt in dezelfde tijd gegroeid van NUL naar bijna 5.000 bedrijven. In de VS is het aantal meer dan gehalveerd. En China heeft in de afgelopen 25 jaar een groeipercentage van 1000% laten zien.

> *"Ik heb drie schatten die ik bewaar en belangrijk vind: de ene is vriendelijkheid, de tweede is soberheid en de derde is niet aannemen dat ik voorrang hebben op anderen. Door vriendelijkheid kan men moedig zijn, door zuinigheid kan men de hand reiken, en door niet te veronderstellen voorrang te hebben, kan men effectief overleven. Als men vriendelijkheid en moed opgeeft, spaarzaamheid en ruimhartigheid opgeeft, en nederigheid opgeeft voor agressiviteit, zal men sterven. Het uitoefenen van vriendelijkheid in de strijd leidt tot de overwinning, het uitoefenen van vriendelijkheid in de verdediging leidt tot veiligheid."*
> Sun Tzu - De kunst van het oorlogvoeren (476–221 v.C.)

De rotzooi van ons huidige "ikke ikke ikke" kapitalistische systeem ligt aan de voeten van Political Action Committees (PAC's) en lobbyisten uit Washington DC. Veel private equitybedrijven en andere investeringsmaatschappijen worden gefinancierd door China en investeringsfondsen van andere staten, die misschien niet altijd de beste belangen voor ogen hebben. Zakelijke plunderaars en Gordon Gekko-achtige aasgieren zijn vooral op zoek naar snelle winsten. De overgrote meerderheid van deze deals worden gesloten tussen computers, gebaseerd op algoritmen zonder principes en scrupules. Ze zijn een schande. Om te kunnen behouden en in stand te kunnen houden, moeten we ten eerste de PAC's (Political Action Committees) in Amerika verbieden. De draaideur voor politici en lobbyisten in het moeras (Washington DC), die het systeem corrumperen en misbruiken, moeten onderzocht worden.

★ We moeten het voortouw nemen bij het opzetten van multilaterale financiële instellingen die vergelijkbaar zijn met de Asian Infrastructure Investment Bank (AIIB) om tegenwicht te bieden aan de $10

The Gods Must be Crazy!
Catacomb of Capitalism?
US Enterprises Black Hole?

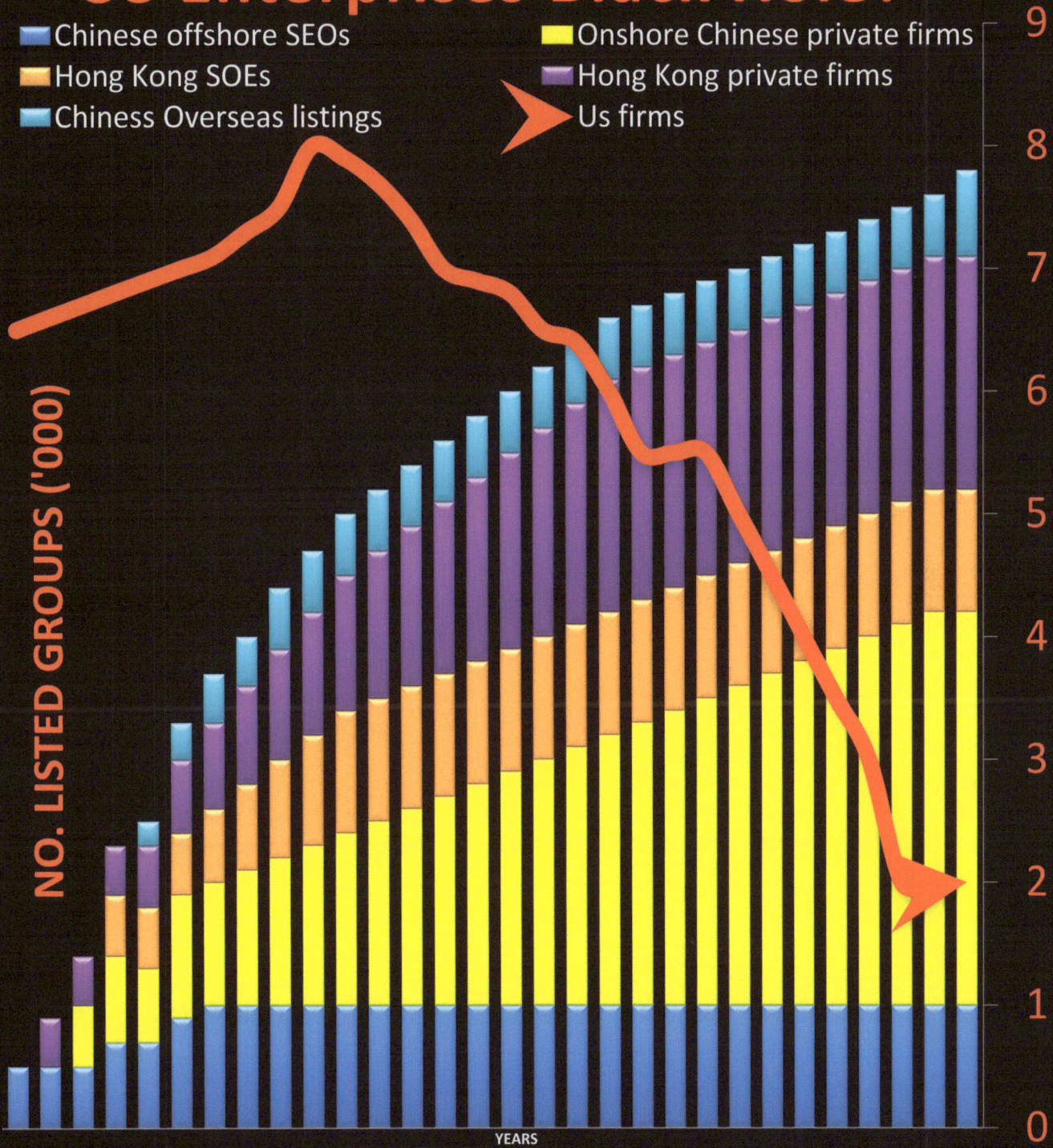

- Chinese offshore SEOs
- Onshore Chinese private firms
- Hong Kong SOEs
- Hong Kong private firms
- Chiness Overseas listings
- Us firms

NO. LISTED GROUPS ('000)

YEARS

Source: Wind

biljoen die China investeert in schuldendiplomatie, in de volgende generatie Belt & Silk Road en andere hightech-infrastructuurprojecten. In plaats van te navelstaren en alleen naar onszelf te kijken, zoals Chinese bedrijven dat doen, moeten we de comfortzones van onze respectievelijke ivoren torens verlaten en nieuwe grenzen opzoeken en overgaan, vooral in opkomende landen, om zelf te kunnen overleven.

★ We moeten de impact bestuderen van de kwartaalresultaten van Wall Street, het terugkopen van eigen aandelen, en Gordon Gekko-achtig investeringsbankieren en private equity deals. De overheid moet dergelijke kwalijke activiteiten nauwlettend in de gaten houden.

★ We moeten ook prestatiegebonden bonussen voor de lange termijn invoeren voor leidinggevenden – niet gebaseerd op de kortetermijnkoersen van aandelen, want dat verpest alleen maar de basis voor een uitstekende balans.

★ Bovendien moeten we de aasgieren van private equityfondsen en ook staatsinvesteringsfondsen verbieden. Ze hebben de neiging om de goede financiële balansen van hun prooi op te offeren voor hun eigen hebzucht op de korte termijn.

11. Beveiliging

"Er zijn vijf basisprincipes voor de overwinning:
1. Hij die weet wanneer hij moet vechten en wanneer niet zal winnen.
2. Hij die weet hoe hij met zowel superieure als inferieure krachten moet omgaan zal winnen.
3. Hij wiens leger wordt bezield door dezelfde motivatie in alle rangen zal winnen.
4. Hij die zichzelf voorbereid en wacht tot de vijand onvoorbereid is, zal winnen.
5. Hij die militaire capaciteit heeft en niet wordt gehinderd door de soeverein, zal winnen."

Sun Tzu - De kunst van het oorlogvoeren (476–221 v.C.)

We zijn nog steeds een stelletje strijdende tribale Bosjesmannen die tegenwoordig nette pakken en glimmende schoenen dragen. Besturen met 195 landen is een uitdaging en organisaties als de VN, de WTO en meer zijn in de eerste plaats boegbeelden. De ruwe kracht en macht van het geweer is nog altijd het belangrijkste. De Amerikaanse status als supermacht en de bijbehorende militair-industriële complexen zijn van cruciaal belang om handelsroutes en ondernemingen te beschermen tegen buitenlandse invloeden, wereldwijd en zelfs in de ruimte. Het Amerikaanse leger heeft bases in 70 landen, wat ook essentieel is in het beschermen van de handelsbelangen.

Vier eeuwen lang regeerden de Nederlandse en Britse Oost-Indische compagnieën de wereld vanuit twee kleine landjes, dankzij de macht van het wapen.

"Het Westen heeft de wereld niet gewonnen door de superioriteit van ideeën of waarden of religie... Maar dankzij hun superioriteit in het toepassen van georganiseerd geweld. Westerlingen vergeten dit feit vaak, niet-westerlingen vergeten dat nooit."

Samuel P. Huntington, The Clash of Civilizations and the Remaking of World Order

The Gods Must Be Crazy!
US Defense Budget/Spending
Billions of US $ (Source: SIPRI)

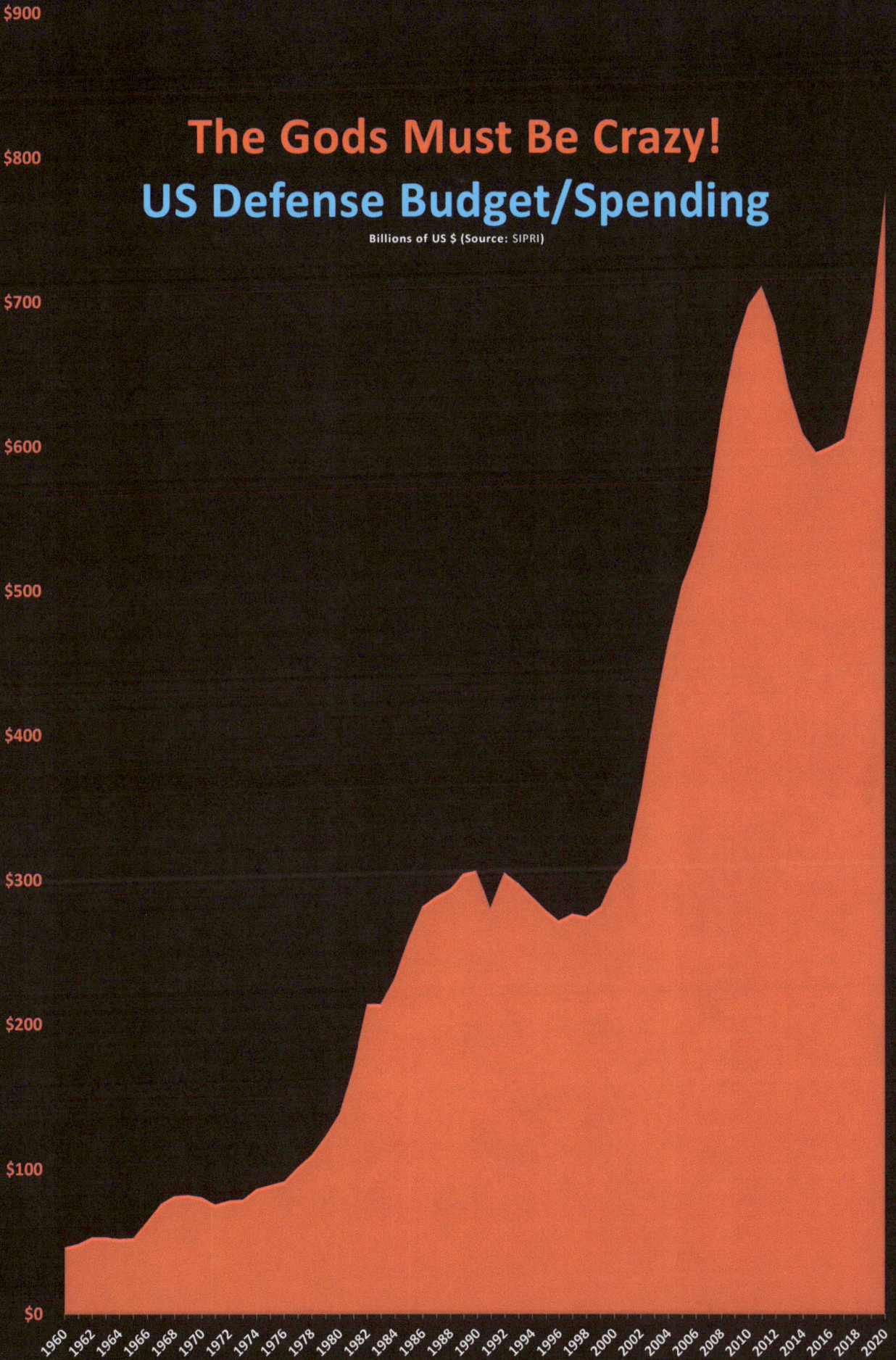

Alhoewel ik zeker niet beweer een militair expert te zijn, ben ik wel jarenlang consultant geweest in de sector rondom luchtverdediging. Op basis van het onderzoek van Brown University (PROFITS OF WAR: CORPORATE BENEFICIARIES OF THE POST-9/11 PENTAGON SPENDING SURGE)[65], is ongeveer de helft van de $14 biljoen die het Pentagon sinds 9/11 heeft uitgegeven, naar winstgerichte aannemers in het militair-industrieel complex gegaan. Deze bedrijven huurden meer dan één lobbyist in per Congreslid (in totaal ongeveer 700 lobbyisten), en gaven daar zo'n $2,5 miljard aan uit. Deze trend begon met de toenmalige vice-president Dick Cheney, de voormalig CEO van Halliburton. Halliburton ontving vanaf 2008 miljarden voor het opzetten en onderhouden van militaire bases, het bevoorraden van troepen, en ander werk in Irak en Afghanistan.. Ongeveer een derde van het uitgegeven geld van het Pentagon werd aanbesteed bij slechts vijf grote ondernemingen (Lockheed Martin, Boeing, General Dynamics, Raytheon, en Northrop Grumman). Sommige van deze bedrijven zijn in handen van staatsinvesteringsfondsen, waaronder Saoedi-Arabië[66], een land dat mogelijk betrokken is bij de aanslagen van 9/11[67]. De Commission on Wartime Contracting in Irak en Afghanistan schatte in dat alleen al in 2011 tussen de 30 en 60 miljard dollar opging aan verspilling, fraude en misbruik. Terwijl het Amerikaanse leger zich terugtrekt uit Irak en Afghanistan, is nu China hun doelwit om elk jaar bijna een biljoen dollar aan Amerikaanse defensie-uitgaven te rechtvaardigen. Het rapport geeft aan: ""Elk lid van het Congres dat niet stemt voor de fondsen die we nodig hebben om dit land te verdedigen, zal na november op zoek zijn naar een nieuwe baan."

Elk jaar besteedt de Amerikaanse regering ongeveer een biljoen dollar aan defensie, wat meer is dan de volgende tien landen, bij elkaar opgeteld. Maar veel van de wapensystemen zijn verouderd of werken niet eens. Zo zijn er bijvoorbeeld honderden, zo niet duizenden, luchtmachtpiloten die in vliegtuigen vliegen die gebouwd zijn voordat de piloten geboren zijn, en die vaak niet meer vliegwaardig zijn.

"De koningin van de Amerikaanse vloot, en het middelpunt van de machtigste marine die de wereld ooit heeft gezien, het vliegdekschip, dreigt te worden zoals de slagschepen die het oorspronkelijk zou ondersteunen:

groot, duur [>$10 mld], kwetsbaar

- en verrassend irrelevant voor de huidige conflicten.

....

Ze hebben ongeveer 6700 mensen nodig voor bemanning, en het kost ongeveer $6,5 miljoen per dag om een aanvalsgroep te laten functioneren."

—————— CAPT Henry J. Hendrix, Amerikaanse marine (Ph.D.), maart 2013 ——————

China daarentegen besteedt hun kostbare dollars aan geavanceerde hypersonische raketten die de dure speeltjes van de VS weerloos maken. De Chinese DF-26 ballistische raketten die slechts honderdduizend dollar kosten, kunnen de "sitting ducks" van de VS laten zinken, ondanks dat die meer dan 10 miljard dollar kosten.

De VS handelt irrationeel en doet hetzelfde als de Sovjet Unie met hun doctrine op basis van doemscenario's, die wordt aangestuurd door een paar invloedrijke belangengroepen uit de industrie van $2 biljoen en orthodoxe bedoeïenensekten[68]. De defensie-uitgaven hebben weinig basis in een rationele strategie die het beste is voor Amerikaanse burgers. In plaats daarvan zijn ze vooral het resultaat van de lobby van defensiebedrijven. Dergelijke "contractors" beïnvloeden congresleden door fabrieken en bases te plaatsen in de relevante kiesdistricten, om zo werkgelegenheid te scheppen. De Chinezen lachen ons waarschijnlijk uit terwijl we drinken uit deze vergiftigde financiële beker van verloren uitgaven gevuld met geleend geld van hen. Dit is ook nog eens in hun naam bewapend, als vijand nummer één, maar zal nooit tegen hun gebruikt worden. Chinese quasi-institutionele investeerders leveren een belangrijke bijdrage aan veel investeringsvehikels, waaronder private equity-bedrijven, die op hun beurt defensie-aannemers in hun bezit hebben. Ironisch genoeg bezitten sommige van de niet zo vriendelijke staatsfondsen ook ten minste enkele belangrijkste Amerikaanse defensie-aannemers[69].

"Wanneer we de kapitalisten gaan ophangen
zullen ze het touw dat we gebruiken aan ons verkopen."

Joseph Stalin

★ ★

The Gods Must be Crazy!
2020 Defence Spending
US > next 10 countries combined (Source: SIPRI)

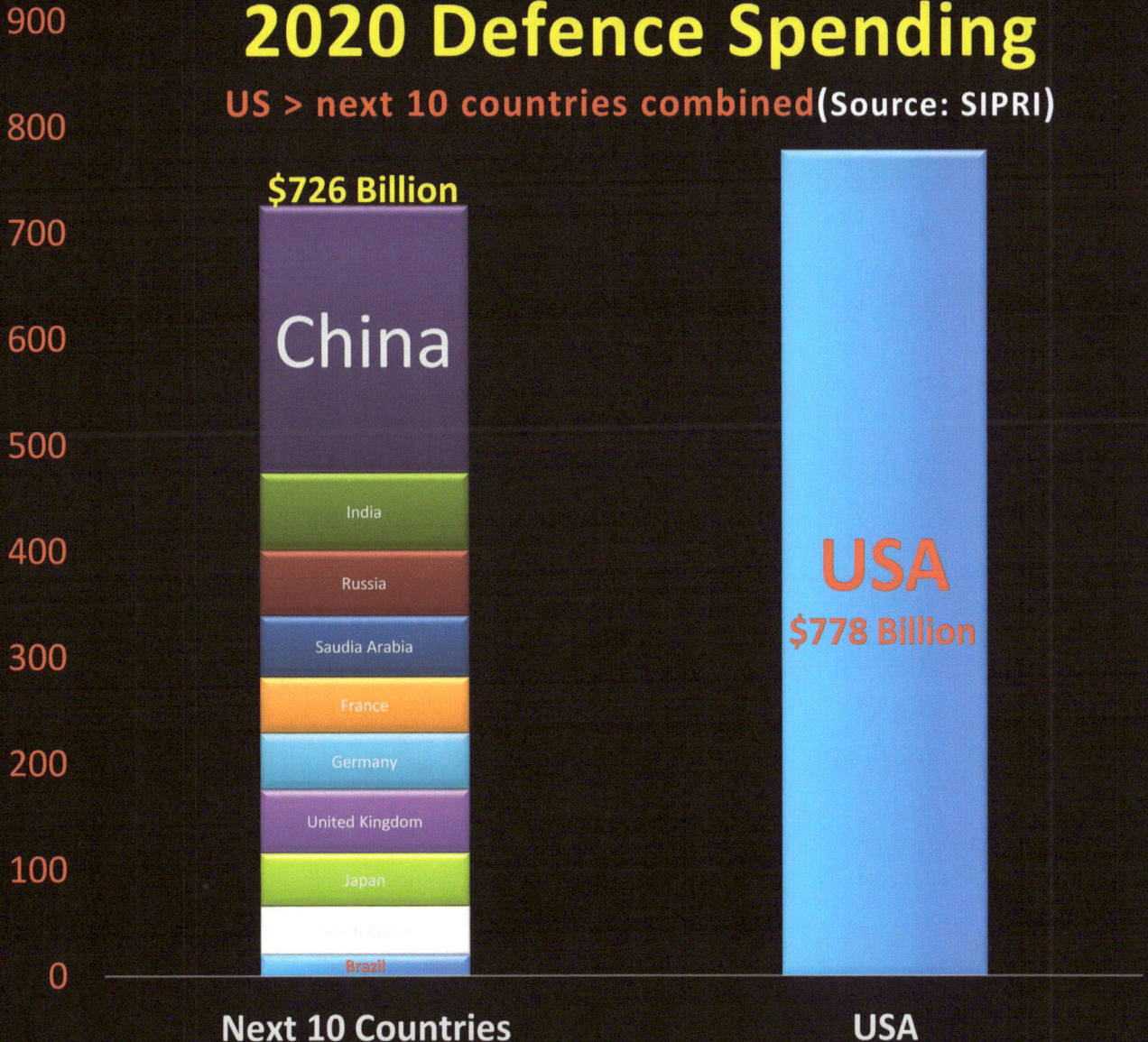

Stacked bar chart comparing 2020 defence spending. Left bar "Next 10 Countries" totalling $726 Billion, composed of (top to bottom) China, India, Russia, Saudia Arabia, France, Germany, United Kingdom, Japan, South Korea, Brazil. Right bar "USA" $778 Billion. Y-axis scale 0 to 900.

Next 10 Countries   **USA**

Zoals de Sovjets hun rijk ten onder zagen gaan door zich eenzijdig te verwarren in onnodige politieke conflicten, zo vergiet Amerika ook kostbaar bloed en belangrijke schatten. Ironisch genoeg zijn wij de na-apers, die dezelfde fouten maken als de Russen in Afghanistan. Het is onmogelijk om de Afghanen te overwinnen; de Perzen, Alexander de Grote, Genghis Khan, Groot-Brittannië en de Russen faalden. Meer recentelijk verspilde Amerika $5 biljoen in de door oorlog verscheurde woestijnen van het Midden-Oosten, door betrokken te raken bij de stammenoorlogen van de Bedoeïenen.

Dit irrationele en uitbundige avonturisme is een geschenk aan China. China is strategisch gefocust en ze zijn spectaculair gegroeid tijdens onze dalende jaren, geïnspireerd door onze domheid. Aangezien de VS olie exporteert, zijn er in het Midden-Oosten geen andere strategische voordelen behaald dan het verlies van kostbaar bloed en schatten. Samenvattend beschermen we de olielevering voor China, net als dat gebeurde in Afghanistan en Pakistan, door China te helpen hun commerciële belangen te behalen.

★ ★

The Gods Must be Crazy!
2020 US Defense Spending
Catacomb of Capitalism: Little R&D?
Source: OMB (Office of Management and Budget)

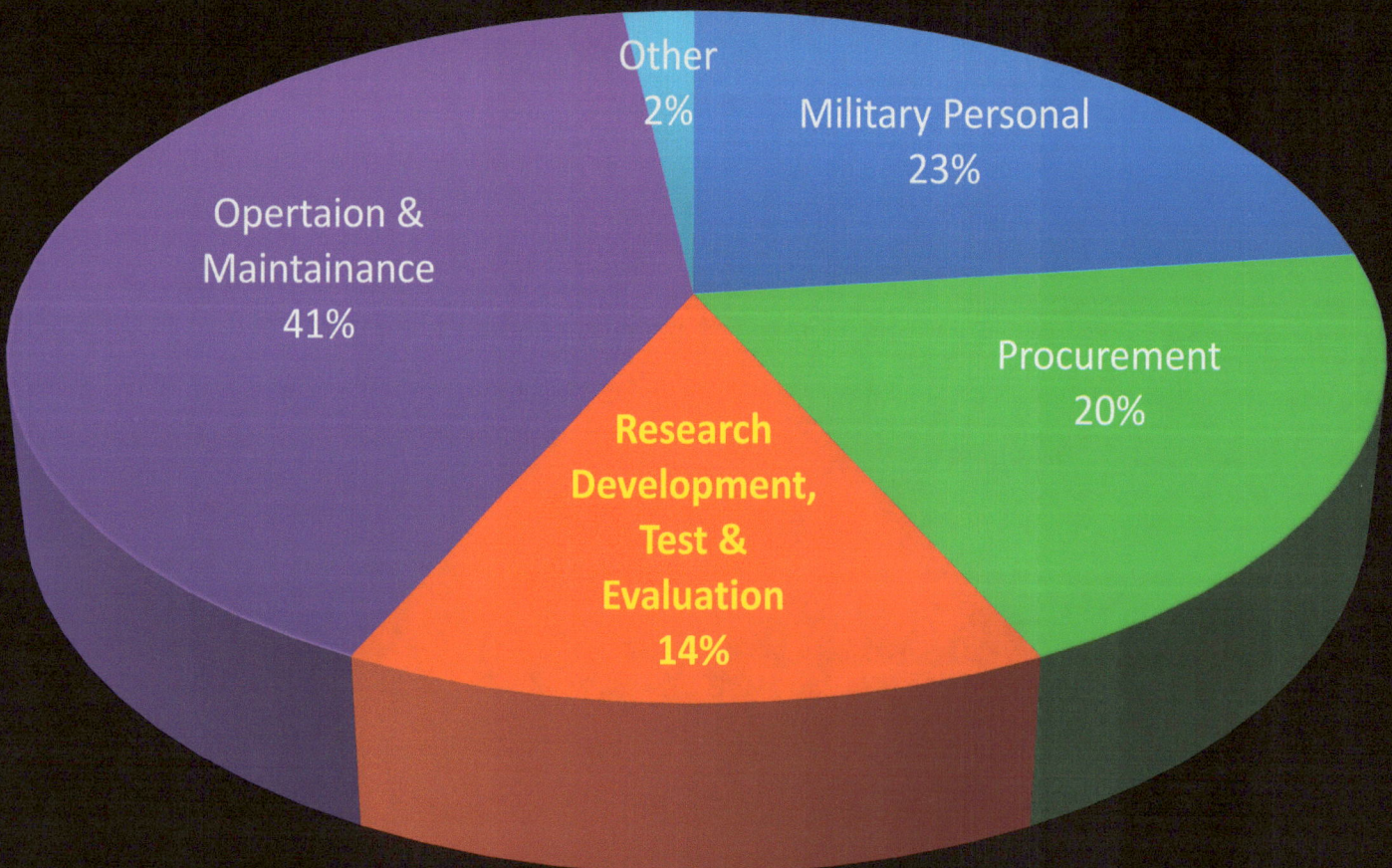

Other 2%

Military Personal 23%

Opertaion & Maintainance 41%

Procurement 20%

Research Development, Test & Evaluation 14%

Ondertussen is China rationeel en verstandig bezig, zoals Amerika ooit deed in de tijd van Roosevelt (of zelfs de Koude Oorlog), door wereldwijde allianties aan te gaan. Er zijn geen lobbyisten in China, en ze nemen rationele beslissingen voor hun veiligheid op de lange termijn en voor hun commerciële belangen.

We moeten het leger volledig moderniseren voor de oorlogen van morgen, in plaats van de prehistorische conventionele oorlogsvoering van het verleden. Dit kan met publiek-private partnerschappen, net zoals Franklin Roosevelt deed. We hebben visionairs zoals FDR nodig om ons voor te bereiden op de derde wereldoorlog die nu op komst is, en deze te winnen, zoals FDR deed in 1942 toen zijn visie de Tweede Wereldoorlog won.

Als we niet strategisch en verstandig zijn, zullen we ons niet kunnen verdedigen tegen de moderne Chinese defensie. Onderstaande grafiek laat zien dat de VS nauwelijks geld uitgeeft aan de futuristische onderzoek en ontwikkeling die nodig is om de draak te overleven. Als we niet voorzichtig en strategisch zijn, zullen ons agressieve militaire avonturisme en ons exceptionalisme ons vernederen in de achtertuin van het Middle Kingdom. Maar helaas vechten we de oorlogen van morgen, met de strategie en wapens van gisteren.

12. Digitale strategieën en een transformatieve routekaart

"Om te slagen, moeten we het idee van een alomvattende grootse strategie internaliseren."
Een grootse strategie omvat een overdaad van de kracht van normen (morele rechtmatigheid), hemel, aarde (fysieke omgevingen), leiderschap en ten slotte methode en discipline (beoordeling van militair vermogen, relatief machtspotentieel). Wanneer alle elementen bij elkaar komen, kan een staat profiteren van een grootse strategie voor succes.

Aangepast van Sun Tzu -
De kunst van het oorlogvoeren (476–221 v.C.)

Tijdens Roosevelts eerste 100 dagen in functie, creëerde hij de "alfabet"-instellingen, ook wel bekend als de "New Deal"-instellingen. Er werden tijdens de vele termijnen van Roosevelt minstens 69 nieuwe instellingen opgericht, als onderdeel van de "New Deal". Er zijn drie machten in de overheid en de uitvoerende macht controleert de meeste federale instellingen. Onder de uitvoerende macht zitten 15 uitvoerende afdelingen en ongeveer 254 sub-agentschappen. Het congres heeft ook ongeveer 67 onafhankelijke agentschappen opgericht en meer dan een dozijn kleinere raden en commissies.

De boom rot vanuit de wortels omhoog. Corrupte termieten teisteren nu de meeste van de takken van de Amerikaanse regering en de onderliggende agentschappen van de 19[e] eeuw. De analist James A. Thurber schatte dat het aantal lobbyisten bijna 100.000 bedroeg en dat deze corrupte sector jaarlijks $9 miljard binnenbracht[70]. Dat is meer dan het BBP in 2018 van meer dan 50 landen die onderdeel zijn van de Verenigde Naties. De laatste tijd is het lobbyen toegenomen en gaat steeds vaker "ondergronds" doordat lobbyisten "steeds geavanceerdere strategieën" gebruiken om hun activiteiten te verdoezelen. Zelfs gerechtigheid is te koop via de miljoenen campagnebijdragen van duister geld[71]. De uitspraak over Citizens United van het Hooggerechtshof in januari 2010 ontketende een enorme golf van campagne-uitgaven die buitengewoon onethisch en corrupt waren volgens elke juridische maatstaf. Wall Street gaf een recordbedrag van $2 miljard uit om de presidentsverkiezingen van 2016 in de Verenigde Staten te beïnvloeden. Lobbyen is een luxe, legale vorm van omkoping of afpersing, en in elk ander deel van de wereld wordt het corruptie genoemd.

Het huidige bureaucratische systeem heeft altijd zijn doel gediend, vooral een eeuw geleden onder de goedbedoelende Roosevelts. Helaas zijn veel goedbedoelende organisaties "deep state"-kikkers geworden in het moeras van slangenolie[72] dat Washington, D.C. heet. Wat zijn onze strategieën en ons beleid, aangezien recente geopolitieke en economische rampen veel van deze systemen fundamenteel hebben verzwakt? Hebben we een visie en strategische routekaart om deze veranderende wereldorde het hoofd te bieden? We leven in een nieuw multidimensionaal tijdperk waarin veel archaïsche regelgeving uit het verleden moet worden omgezet in een digitale wereldorde voor de 22e eeuw.

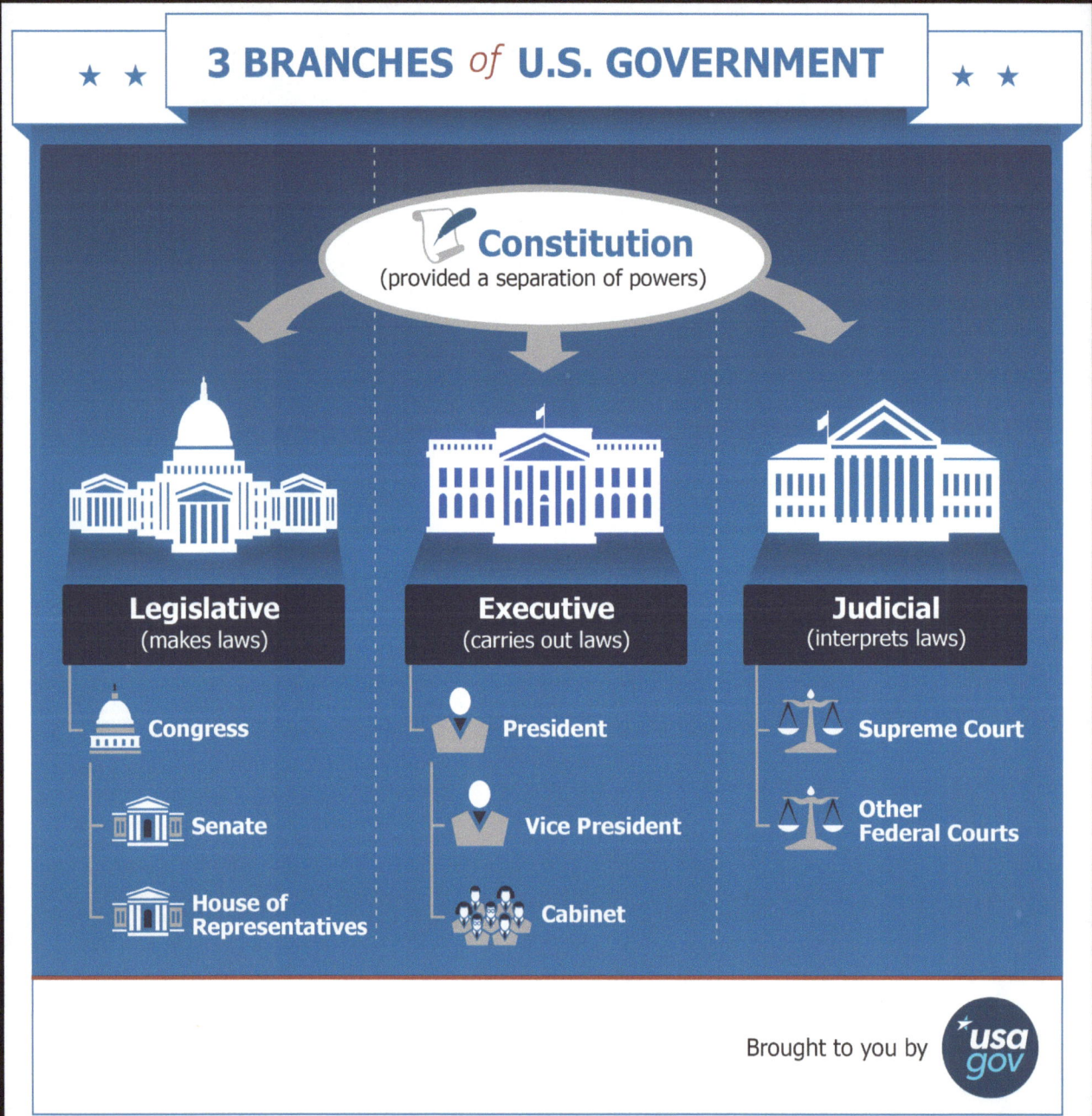

★★★

3 BRANCHES *of* U.S. GOVERNMENT

★ ★   ★ ★

Constitution
(provided a separation of powers)

Legislative
(makes laws)

Executive
(carries out laws)

Judicial
(interprets laws)

- Congress
  - Senate
  - House of Representatives

- President
  - Vice President
  - Cabinet

- Supreme Court
- Other Federal Courts

Brought to you by **usa gov**

> ""Als je vijand op alle punten veilig is, wees dan op hem voorbereid. Als hij sterker is, ontwijk hem dan. Als je tegenstander temperamentvol is, probeer hem dan te irriteren. Doe alsof je zwak bent, zodat hij arrogant zal worden. Als hij rustig aan doet, geef hem dan geen rust. Wanneer zijn legers verenigd zijn, scheid ze. Val hem aan waar hij onvoorbereid is, kom tevoorschijn waar je niet wordt verwacht."
>
> Sun Tzu - De kunst van het oorlogvoeren (476–221 v.C.)

China is de enige veerkrachtige oude beschaving die vier keer is gevallen en elke keer weer weet terug te veren. Sinds het keizerlijke verval rond de Eerste Opiumoorlog (1839 tot 1842) en de vernedering die daarmee gepaard ging, heeft elke Chinese leider geprobeerd om de vergane glorie in binnen- en buitenland te herstellen. De visie van de Chinese Communistische Partij (CCP) is geen geheim: Xi Jinping is vastbesloten om het Middle Kingdom weer groot te maken. De CCP gebruikt "geo-technologische" strategieën en beleid. China leidt de weg naar werelddominantie via de vele biljoenen dollar kostende New Silk Road (Belt and Road Initiative (BRI)) en Digital Silk Road (DSR), met de bedoeling Azië, het Midden-Oosten, Afrika en Europa te koloniseren. Door een uitgebreide handelsinfrastructuur voor Chinese producten te construeren, biedt het BRI de mogelijkheid voor een strategische verschuiving van China op lange termijn rond geavanceerde technologieën en militaire belangen. Deze elementen zijn onder meer 5G-telecommunicatie, robotica, kunstmatige intelligentie (AI) en maritieme ontwikkeling voor defensiebelangen.

In plaats van extreme Financial Engineering tactieken, moeten we ons richten op Value Engineering strategieën voor de lange termijn. Value Engineering zou het streven moeten zijn voor een "schitterende stad op de heuvel". Financiële rijkdom is slechts een bijproduct. Mijn generatie heeft de jeugd in de steek gelaten. Ze zijn nu slecht voorbereid op de digitale tijd, en lopen ernstig achter qua STEM-capaciteit. We moeten het struisvogelsyndroom van onze kop in het zand steken achter ons laten en de veranderende dynamiek van de mondiale wereldorde erkennen. Als we dat niet doen, zullen digitale draken zoals Huawei, Alibaba, Tencent en Baidu de wereld vorm gaan geven. China zal ervoor zorgen dat deze draken hun stempel drukken op landen die economisch gekoloniseerd zijn door het Middle Kingdom.

In de huidige populistische omgeving zal het voor de VS een uitdaging zijn om leiders zoals de Roosevelts te vinden die de achteruitgang kunnen omkeren. Ik hoop dat het minder traumatisch zal zijn, waarbij we de realiteit net zo gracieus accepteren als de Britten deden toen ze het stokje aan ons doorgaven, in plaats van dat Amerika in de vergetelheid zal raken.

"Steve Hilton: Veel mensen zeggen dat China de VS wil
vervangen als supermacht...,
Geloof je dat dat hun bedoeling is?"
Trump: "Jazeker. Waarom niet?
Het is een ambitieus volk. Ze zijn erg slim.
Het zijn geweldige mensen. Het is een geweldige cultuur."

Fox News interview (05-19-19)

EPILOOG

> "Het meest bewonderenswaardige is winnen zonder te
> vechten, niet het decimeren van elke tegenstander die je
> tegenkomt. Aangezien verwoesting duidelijk niet je doel
> is, en winnen wel, zorgt het intact laten van zaken voor het
> maximaliseren van je winsten, en helpt het je om je muren
> samen met je tegenstander te repareren."
>
> Sun Tzu - De kunst van het oorlogvoeren (476–221 v.C.)

De hand is bijna uitgespeeld, en als we niet snel onze troefkaart spelen, zal China hun huurlingen op pad sturen om hun tol te heffen in de VS en in de bijna 100 landen die ze economisch en digitaal hebben gekoloniseerd sinds de financiële tsunami van 2008.

Covid-19 heeft onze tekortkomingen duidelijk laten zien: zelfs met de Defense Production Act, een Amerikaanse oorlogswet om productie op te voeren, worden we gegijzeld door China voor onze mondmaskers van 3M en de benodigde persoonlijke beschermingsmiddelen (PBM).

De Amerikaanse economie die Roosevelt heeft gebouwd stond in 1960 voor ongeveer 40% van het bruto binnenlands product (BBP) van de hele wereld. Dit is inmiddels afgenomen tot minder dan 15%, gecorrigeerd voor koopkracht, terwijl China's aandeel snel is gegroeid naar meer dan 20%. Dankzij de reservestatus van de Amerikaanse dollar, wordt nog altijd 79,5% van alle wereldhandel in dollars gedaan. Met onze extreme financiële producten hebben we de goodwill van de wereld overboord gegooid. Als we onszelf niet snel herpakken, zijn de dagen van ons rijk en onze ondernemingen geteld zijn.

Maar dit is niet het moment om een muur te bouwen om onze ivoren toren, en het risico te lopen om vast te komen zitten in een hel van faillisementen. Er is niet één autocratische leider die de multidimensionale uitdagingen en exponentiële neerwaartse spiraal kan aanpakken die ontstaan is door zwarte zwanen in het "nieuwe normaal". In plaats van in te zetten op unilateralisme, is het tijd om onze soft skills te verbeteren, contact te maken en te houden met de overige 96% van de mensheid. Het is tijd dat we een nieuwe Ondernemings-ark van Noach te ontwerpen zoals de Roosevelts deden toen ze ons een eeuw geleden op de route zetten om een supermacht te worden.

World External Debt to China (2017, Direct Loans)

(Source: Data based on CHINA'S OVERSEAS LENDING, Sebastian Horn, Carmen Reinhart and Christoph Trebesch(KIEL WORKING PAPER NO. 2132))

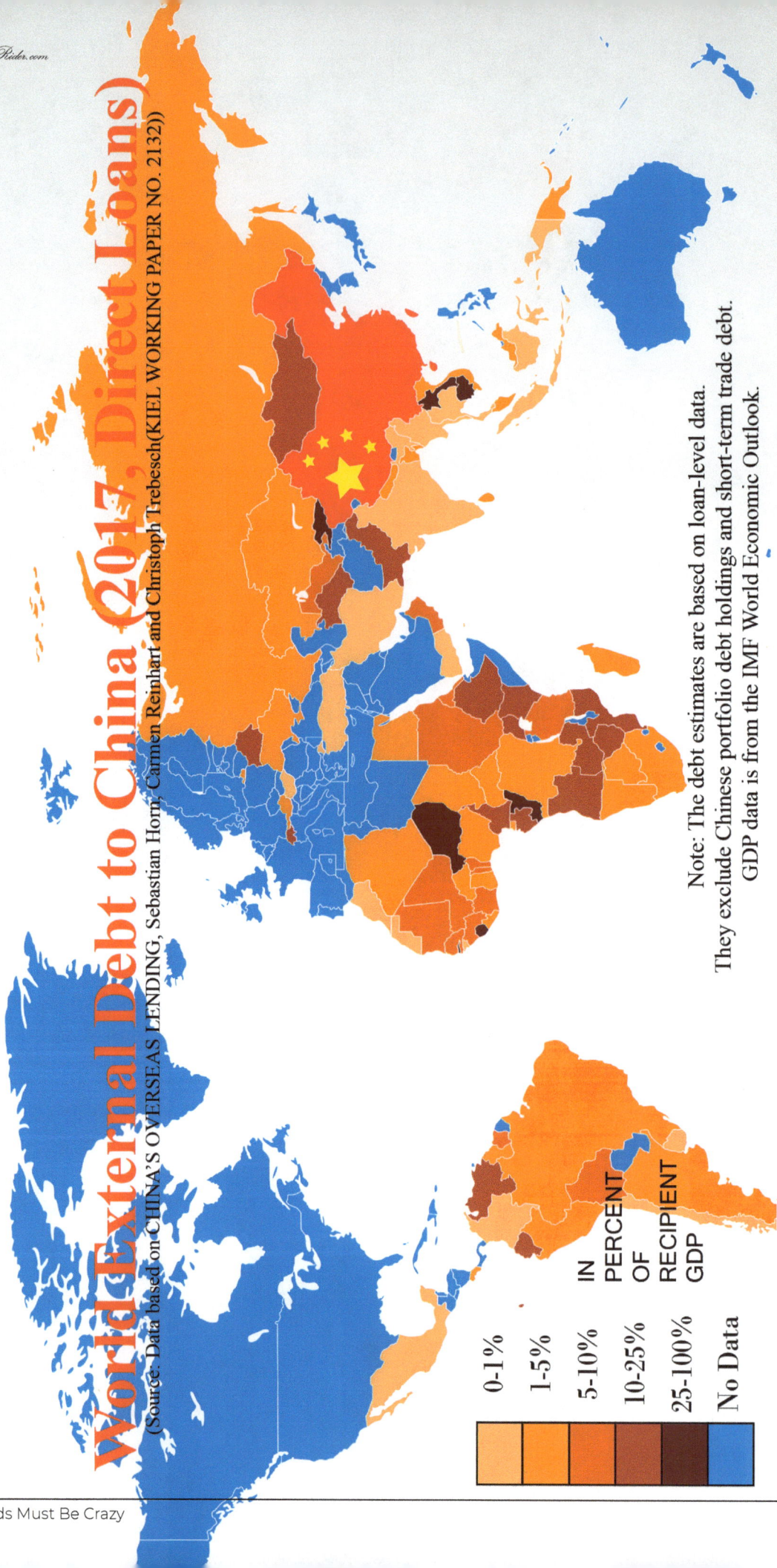

Note: The debt estimates are based on loan-level data.
They exclude Chinese portfolio debt holdings and short-term trade debt.
GDP data is from the IMF World Economic Outlook.

IN
PERCENT
OF
RECIPIENT
GDP

0-1%
1-5%
5-10%
10-25%
25-100%
No Data

Als ons dit niet lukt, zullen extreemlinkse populisten doorslaan naar communisme (de min of meer gelijke verdeling van rijkdom) en de rechterkant van het politieke spectrum zullen fascistische milities worden (auto-cratisch staatsgestuurd kapitalisme). Het overleven van de Amerikaanse onderneming is verstrengeld geraakt met het succes of verlies van hun sponsor-peetvader: het Amerikaanse rijk. We hebben dit eerder gezien in de laatste vier eeuwen met de grootste bedrijven, zoals de Nederlandse (ongeveer $10 biljoen) en Britse (ongeveer $5 biljoen) Oost-Indische Compagnieën. Helaas zullen veel ondernemingsdinosaurussen die extreme financial engineering gebruiken, ten prooi vallen aan de aasgieren van het intellectueel eigendom (meestal China).

We moeten leren van de Roosevelts, die ons grootse kapitalistische fundament hebben gebouwd, dat drie-kwart van een eeuw heeft weten te overleven. We kunnen de coalitie leiden die nieuwe "Marshall-plannen" maakt die landen kunnen redden die economisch en digitaal gekoloniseerd zijn door China, voordat het te laat is.

Het fundament van deze architectuur moet rusten op:

1. Leiderschap
2. Onderwijs is Science, Technology, Engineering, en Mathematics (STEM)
3. Onderzoek en strategische technologie
4. Architectuur van infrastructuur
5. Digitale architectuur
6. Kennismanagement
7. Diplomatie
8. Gouden standaard voor wereldvaluta
9. Elektronische dollar
10. Financieel kapitaal
11. Veiligheid
12. Transformatieve digitale strategieën en regulering

Ik durf af te wijken van de consensus, en voorspeelde de economische tsunami van 2008, wat eigenlijk vrij een-voudig was aangezien dit vooral rond de VS speelde. Maar deze keer is de situatie veel ernstiger en meer mul-ti-dimensionaal, met Covid-19 en burgelijke onrust die als een zwarte zwaan kan werken voor grote wereldwijde veranderingen. Ik hoop dat mijn analyse er deze keer naast zit. Ik geeft dit onderzoek en mijn analyse aan jou door, om je te vragen om mijn perspectief uit te dagen en te stress-testen.

Tot nu toe heeft de VS enorme giften gegeven aan het Middle Kingdom van China, dankzij onze extreme finan-ciële producten en hebben we de kip met de gouden eieren de nek dichtgeknepen (door winstgevende be-drijven te verraden voor een enkele egoïstische bonus). Als we de **22ᵉ-eeuwse Ondernemings-ark van Noach voor het digitale tijdperk in het nieuwe normaal** niet gaan plannen, zie ik een toekomst die zal lijken op het Vierde Rijk[73], waarbij we slaven zijn voor *The Man in The High Castle*[74], dat doet denken aan de Netflix-docu-mentaire *American Factory*[75].

Yeah! We zijn pas op de helft, Amerika![76]

Legend:

- Land corridors
- Maritime corridors
- Chinese infrastructure investments
- Railroad lines (existing)
- Railroad lines (planned/under construction)
- Ports with Chinese engagement (existing)
- Ports with Chinese engagement (planned/under construction)

Labeled locations:

RUSSIA, KAZAKHSTAN, MONGOLIA, Beijing, SOUTH KOREA, Tokyo, Shanghai, Hong Kong, Singapore, Jakarta, New Delhi, INDIA, Mumbai, Dubai, SAUDI ARABIA, TURKEY, Istanbul, Moscow, UKRAINE, GERMANY, London, UNITED KINGDOM, Madrid, NORWAY, SWEDEN, FINLAND, Stockholm, GREECE, EGYPT, LIBYA, ALGERIA, MALI, NIGER, NIGERIA, CHAD, SUDAN, ETHIOPIA, DR CONGO, ZAMBIA, NAMIBIA, SOUTH AFRICA, Johannesburg, AUSTRALIA, Sydney, Melbourne, CANADA, UNITED STATES, MEXICO, Mexico City, New York, Toronto, Vancouver, San Francisco, Los Angeles, Caribbean Sea, BRAZIL, Sao Paulo, Buenos Aires, BOLIVIA, PERU, Bogota

The Gods Must be Crazy!
US vs China Competitiveness Dashboard
(Representative Example scores)

Roosevelt's USA   Current USA   CHINA

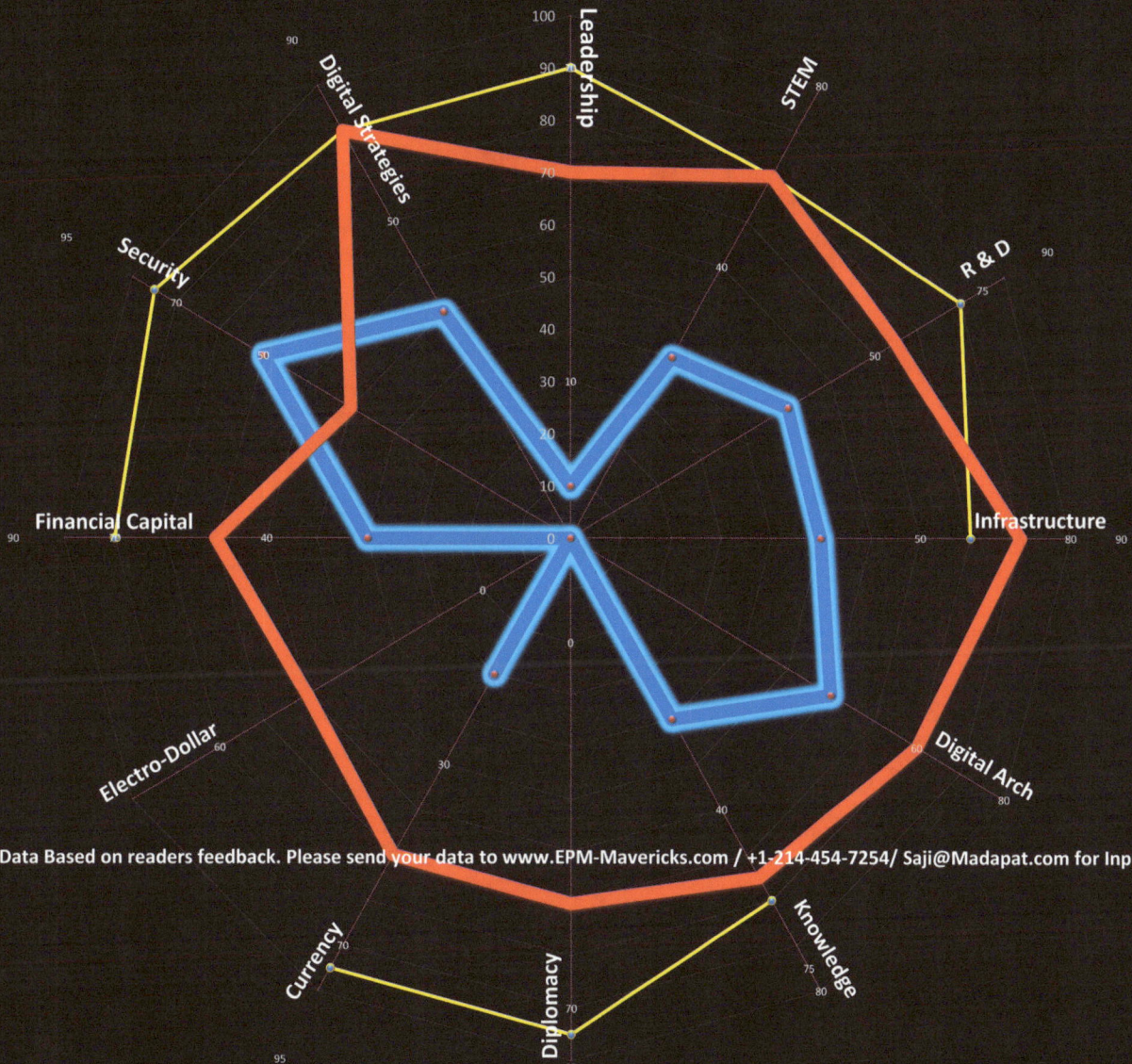

Data Based on readers feedback. Please send your data to www.EPM-Mavericks.com / +1-214-454-7254/ Saji@Madapat.com for Input

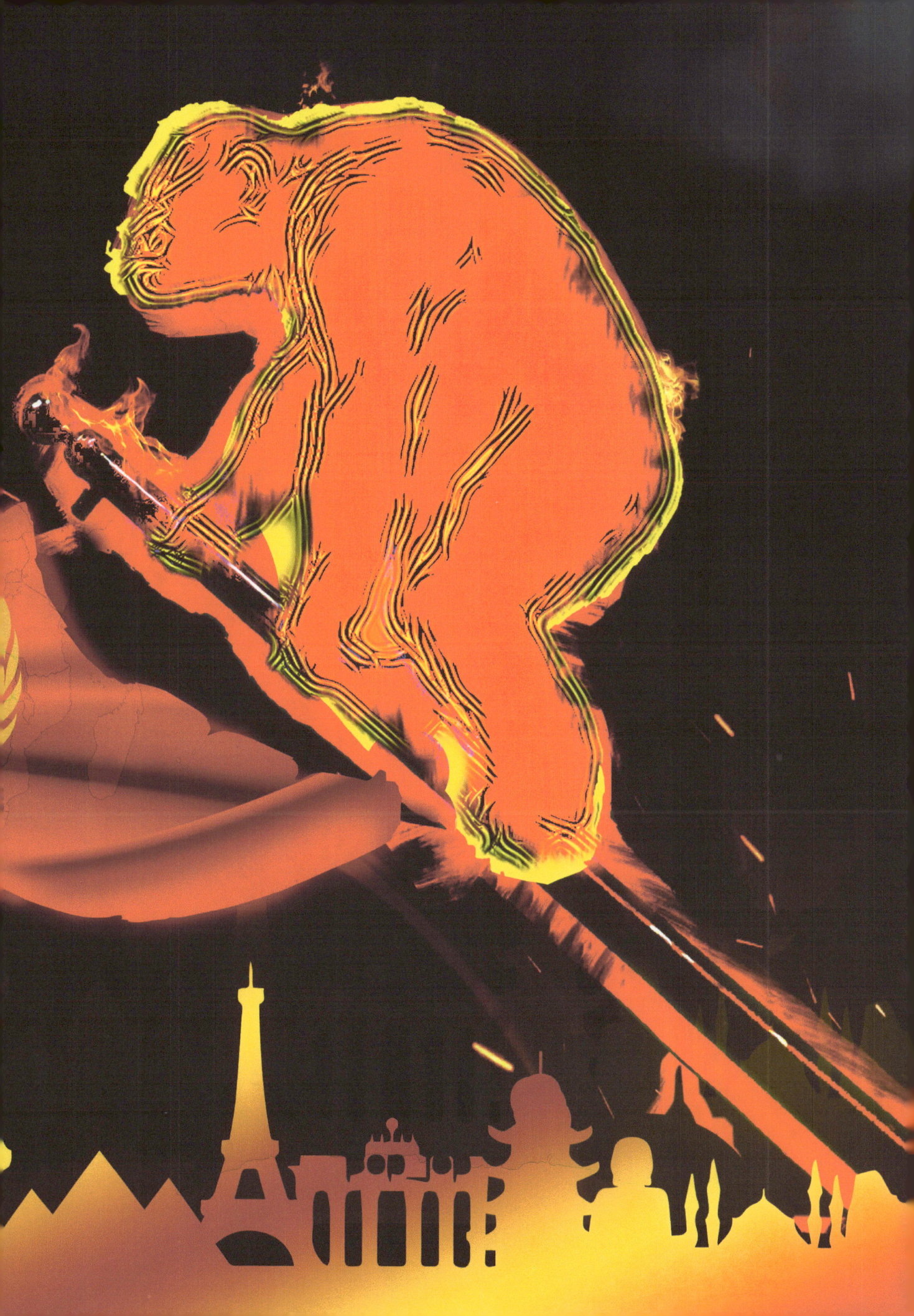

Ay Yi Yai Yi! We are in the middle of The New World Order!

OVER DE AUTEUR

EEN KORTE GESCHIEDENIS VAN MIJN NOMADISCHE REÏNCARNATIES

★★

> *"Het meest bewonderenswaardige is winnen zonder te vechten, niet het decimeren van elke tegenstander die je tegenkomt.*
>
> Sun Tzu - De kunst van het oorlogvoeren (476–221 v.C.)

Ik ben geboren en getogen in God's eigen land, Kerala, een tropisch paradijs in India. In Kerala zijn veel mensen volgelingen van Sint Thomas de Apostel, onderwezen door christelijke zendelingen die kolonisten uit Portugal, Frankrijk en Engeland meenamen. Een geletterdheid van 100% en hoge onderwijsstandaard in Kerala hebben voor allerlei progressieve bewegingen gezorgd, waaronder het communisme. Kerala heeft allerlei unieke records in handen, zoals een herstelsnelheid van Covid-19 die hoger ligt dan de meeste westerse landen. Kerala is de eerste plek in de wereldgeschiedenis waar communisten democratisch verkozen zijn, en sinds 1957 democratisch aan de macht zijn geweest. De resulterende industriële woestijn die door het communisme ontstaan is zorgde ervoor dat ik mijn koffers heb gepakt na het behalen van mijn diploma Industrial Engineering (met een specialisatie in Total Quality Management). Vervolgens ben ik op zoek gegaan naar een baan in Bombai, de commerciële hoofdstad van India, die nu Mumbai heet.

Ik realiseerde me daar al snel dat mijn vooruitzichten op iets anders dan de fabrieksvloer erg beperkt waren, gezien mijn donkere huid (als een lungi-dragende Kala Madrasi). Uit angst voor mijn toekomst vluchtte ik naar het zuiden om aan de racistische zakelijke ladder te ontsnappen. Ik haalde mijn MBA in finance als een kandidaat voor nationale integratie. De voorzienigheid wou echter dat in 1990 de gehele Indiase economie bezweek onder het gewicht van een halve eeuw van de Indiase "License Raj", een bureaucratisch systeem dat enorm veel vergunningen eiste van bedrijven. Het resultaat hiervan was het geliberaliseerde Indiase economie. De timing was voor mij absoluut perfect, aangezien ik hierdoor een carrière als analyst in Investment Banking kon beginnen. Het geluk lachte me nogmaals toe toen de aandelenmarkt van India in 1996 crashte, waardoor ik stopte met mijn carrière als investment banker.

India koos vanaf toen voor de socialistische route, en riep tijdens het conflict in de jaren 70 met Pakistan de noodtoestand uit. Door de oorlog met Pakistan, en een aantal momenten waarop India geen kant koos, verzuurde de relatie tussen de VS en India, waarna IBM India verliet. Dankzij het daardoor ontstane vacuüm dat gevuld moest worden, ontstonden TCS en andere Indiase ICT-conglomeraten uit pure wanhoop. Binnen de ICT werden we snel opgeleid om de verouderde computers en mainframes die IBM achtergelaten had weer op te starten. Dankzij de grootste blunder in de zakelijke geschiedenis (de Y2K bug) zagen IBM en andere westerse ondernemingen ons ("*Cyberkoelies*") als een goedkope oplossing om de Armageddon in de code af te slaan.

In deze tijd wist ik van zakelijke financiën over te stappen naar ERP (Enterprise Resource Planning) oplossingen, en ging snel met mijn paspoort naar de belichaming van kapitalisme: de Verenigde Staten. Helaas raakte in 2000 het (Nederlandse) bedrijf BaaN Brothers betrokken bij een schandaal, waardoor het op twee na grootste ERP systeem (BaaN) ter wereld, waar ik op meeliftte, opeens ten dode opgeschreven was.

Sindsdien heb ik een decennium besteed als vrijwilliger voor het Project Management Institute (PMI). Ik heb mijn naam gezet onder de grote standaarden van PMI (waaronder PMBOK, OPM3, PP&PM, etc.) dankzij mijn PMI papers, publicaties en boeken (met name de Project Portfolio Management Standard). Ik heb zelfs gediend op het boardroompanel over PPM van Gartner. Later ben ik één van de drie projectmanagers Methodologie MKB bij Ernst & Young geworden. In 2008, op het hoogst van de economische tsunami, werkte ik als adviseur voor het kantoor van de CFO aan het opzetten van het Project Portfolio Management Office voor een Fortune 10 World's Most Admired Company. Ik bespaarde hen ongeveer een half miljard dollar, maar werd vervolgens het slachtoffer van mijn eigen financial engineering op de korte termijn. Toch kreeg ik het voor elkaar om binnen te lopen op Hyperion Enterprise uit de jaren 90, en ging verder naar de wereld van een pakket producten voor CFO's voor meer specifieke financial engineering in de Big 4 consulting.

In 2009 pakte ik mijn spullen om naar de Cambodjaanse jungle te gaan, op zoek naar antwoorden onderaan de piramide, via het Chinese GIFT (Global Institute for Tomorrow)[77] een Clinton Global Young Executive Leadership Program (YLP). Hoe meer ik te weten kwam van de financiële wereld in het Westen, hoe meer ik gedesillusioneerd ik raakte. Ik raakte mijn geloof in de achtbanen van de supersnelle markten kwijt. 90% van de aandelenmarkt van vandaag richt zich niet op fundamentele waarde op lange termijn, maar gaat over het najagen van buybacks van aandelen, over tweets, Quantitative Easing (QE)[78], de hot dollars, en hoogfrequente algoritmische flitshandel door bots. Dankzij Hernando de Soto werd ik herboren in het mysterie van kapitaalgospel. Sinds 9/11 heb ik een paar dollar winst gemaakt door te gokken tegen de conventionele Westerse marktwijsheden in, door in te zetten op Petro China[79] en Total[80].

Nadat ik terugkwam uit de wildernis van de Cambodjaanse "Killing Fields"[81], vond ik mijn carrière weer opnieuw uit, waardoor ik een EPM consultant (Enterprise Performance Management) werd na de economische tsunami van 2008 in de Big Four. 95% van mijn huidige bezit verdienen ik tussen 2008 en 2011 door in te zetten tegen de conventionele overtuigingen. Toen de hele wereld leningen verminderde (deleveraging), ging ik juist een stap verder met leningen aan een aantal van de meest iconische vastgoedprojecten ter wereld, die allemaal in de uitverkoop waren. Ik heb ook mijn deel van het bloed aan mijn handen, door herseloze EPM Financial Engineering door middel van fancy jargon (oftewel Cost Cutting) zoals Tax Effective Supply Chain Management (TESCM), Business/Finance/IT Transformation BPR, Six Sigma, en prijs-en-winstgevendheid strategieën.

Om mijn schuld af te kopen, had ik de geweldige eer om een jaar of tien te werken als vrijwilliger voor de meest uitgebreide professional not-for-profit (PMI), waarbij ik zo'n 3 miljoen professionals kon dienen, waaronder 500.000 leden in 208 landen wereldwijd. Ik heb bijgedragen aan een half dozijn boeken en zo'n 50 publicaties en presentaties. Ik ben betrokken geweest bij diverse Ondernemer van het Jaar prijzen van Ernst & Young.

Helaas, na meer dan twintig jaar, lijkt het dat ik dwars door deze Mad Max Fury Redemption Road terug moet, en door het apocalyptische puin van de nostalgische kapitalistische tijd van de Roosvelts moet klimmen.

NEDERIG VERZOEK OM MIJN BOEK TE BEOORDELEN

★★

Ik hoop dat je genoten hebt van dit boek. Ik hoor graag wat je ervan denkt, en wil je vriendelijk verzoeken dat je een paar minuten neemt om een review op Amazon te plaatsen. Je feedback en ondersteuning kunnen mijn schrijfkunst aanzienlijk verbeteren voor volgende boeken, en maken ook dit boek beter. Dit is een levend document, en zal zich continue ontwikkelen op basis van jouw constructieve wijsheid (direct contact mogelijk via @ www.Epm-Mavericks.com). Bij voorbaat hartelijk dank!

147

Afkortingen

★ Intellectueel eigendom (IP voor Intellectual Property)

★ Belt and Road Initiative (BRI)

★ Digital Silk Road (DSR)

★ Internet of Things (IoT)

★ Het Middle Kingdom (China)

★ One Belt, One Road (OBOR)

★ Asian Infrastructure Investment Bank (AIIB)

★ Purchasing Power Parity (PPP)

★ Bruto binnenlands product (BBP)

★ Black Lives Matter (BLM)

★ George Floyd rellen (FLOYD)

★ Political Action Committee (PAC)

★ Swamp (Washington DC)

★ Mergers and Acquisitions (M&A)

★ Facebook, Amazon, Apple, Netflix, en Google (FAANG)

★ Global Institute for Tomorrow (GIFT - https://global-inst.com/learn/)

★ Science, Technology, Engineering, en Mathematics (STEM)

★ Tax Effective Supply Chain Management (TESCM)

★ Robotic Automation in Cloud (BOTs)

★ Business Process Outsourcing (BPO)

★ Chinese Communist Party (CCP)

★ Franklin D. Roosevelt (FDR)

★ Theodore Roosevelt (TR)

★ Organisatie voor Economische Samenwerking en Ontwikkeling (OESO)

★ Artificial Intelligence (AI)

★ Het Trans-Pacific Partnership (TPP)

★ Society for Worldwide Interbank Financial Telecommunication (SWIFT)

★ Special-Purpose Vehicle (SPV)

★ Blockchain Service Network (BSN)

★ New Development Bank (NDB)

★ Cross-Border Interbank Payment System (CIPS)

Kunstafbeeldingen gebruikt in dit boek

Theyyam, de 'Dance of Gods': De gezegende staat Kerala heeft een grotere rijkdom aan culturele tradities dan enig ander deel van de wereld. Theyyam is de 'Dance of Gods'. De flamboyante dans bevat elementen en rituelen uit de prehistorie. Er zijn ongeveer 456 soorten Theyyam (theyyakkolams) die worden uitgevoerd in de regio Noord-Malabar in India, mijn thuisregio.

https://www.tiger-rider.com/Client-Galleries/Rhodes/
https://en.wikipedia.org/wiki/Theyyam

Thrissur Puram
The Festival of Festival's in God's own Country

Thrissur Puram, het Festival der Festivals: Thrissur (culturele hoofdstad van India) is mijn geboorteplaats in India - daar heb ik 4 Puram's meegemaakt terwijl ik mijn diploma in Engineering haalde. Ik heb er altijd van gedroomd om Puram van dichtbij te zien - maar dat was meestal een onmogelijke droom onder de honderd-duizenden aanwezigen elk jaar. Eindelijk kreeg ik uitzonderlijke hemelse toegang tot Rostrum in Divine Durbar (gastenpas uitgegeven door Trichur-verzamelaar), onbeperkte toegang (mediapas) tot alles door zowel Thiru-vambadi als Parammekkavu Devaswom.

https://www.tiger-rider.com/Client-Galleries/Puram/
http://en.wikipedia.org/wiki/Thrissur_Pooram

Kathakali, the Art of Story Telling: Kathakali (Malayalam: കഥകളി) is een belangrijke vorm van klassieke Indiase dans. Het is een soort 'verhalenspel' qua kunstvorm, maar een genre dat zich onderscheidt door de uitbundig kleurrijke make-up, kostuums en gezichtsmaskers die de traditioneel mannelijke acteurs/dansers dragen. Kathakali is een hindoeïstische performancekunst in de Malayalam-sprekende zuidwestelijke regio van India (Kerala).

https://www.tiger-rider.com/Client-Galleries/KathakaliICCT/
https://en.wikipedia.org/wiki/Kathakali

Oorspronkelijke vooromslag Afbeeldingsbron: FDR-portret en president Donald J. Trump spreekt zijn opmerkingen toe tijdens een D-Day National Commemorative Event woensdag 5 juni 2019 in de Southsea Com-

Achteromslag Afbeeldingsbron: President Donald J. Trump houdt een exemplaar van The Washington Post omhoog tijdens het 2020 National Prayer Breakfast op donderdag 6 februari 2020 in het Washington Hilton in Washington, DC (officiële foto van het Witte Huis door Joyce N. Boghosian)

EINDNOTEN

1 Chiraq is een bijnaam voor Chicago, in Illinois, in de VS. Daarbij worden de woorden Chicago en Irak (Iraq) gecombineerd, waarbij wordt verwijzen naar bepaalde gewelddadige delen van Chicago, om ze te vergelijken met een oorlogsgebied. https://www.dictionary.com/e/slang/chiraq/#:~:text=Chiraq%20is%20a%20nickname%20for,likening%20them%20to%20a%20warzone

2 Binnen de politieke wetenschappen beschrijft de term "bananenrepubliek" een politiek instabiel land, met een economie die afhankelijk is van de export van een beperkt product, zoals bananen of mineralen. https://www.theatlantic.com/politics/archive/2013/01/is-the-us-on-the-verge-of-becoming-a-banana-republic/267048/

3 Bij verschansing worden planken of panelen op ramen en deuren van een gebouw getimmerd om het te beschermen tegen stormschade, of om ongebruikte, leegstaande of achtergelaten eigendommen te beschermen, en/of ongeautoriseerde toegang door krakers, plunderaars of vandalen te voorkomen. https://www.wbez.org/stories/protest-art-has-covered-boarded-up-businesses-will-it-be-preserved/e3db8017-a6ba-4dde-9bc3-3d17f6ee5392

4 In de laatste 5000 jaar heeft China verschillende namen gehad, maar de naam die China zichzelf traditioneel het meest heeft gegeven, is "Zhongguo", wat te vertalen is als het Middle Kingdom (oftewel het Midden-Koninkrijk, soms ook vertaald als Central Kingdom oftewel Centrale Koninkrijk). http://www.learnmartialartsinchina.com/kung-fu-school-blog/why-is-china-called-the-middle-kingdom/#:~:text=Throughout%20the%20last%205000%20years,sometimes%20translated%20as%20Central%20Kingdom)

5 https://www.britannica.com/place/Third-Reich

6 De Nederlandse Oost-Indische Compagnie, voluit de Verenigde Oost-Indische Compagnie (de VOC), is een handelsbedrijf dat in de Republiek der Zeven Verenigde Nederlanden in 1602 werd gesticht. De VOC had als doel om de handelsbelangen van de staat in de Indische Oceaan te beschermen, en om te helpen in Tachtigjarige Oorlog, de onafhankelijkheidsoorlog van Nederland tegen Spanje. https://www.pbs.org/wgbh/roadshow/stories/articles/2013/1/7/dutch-east-india-company-worlds-first-multinational/

7 De Britse Oost-Indische Compagnie (East India Company) was een Brits bedrijf dat gevormd werd voor de exploitatie van de handel met Oost-Azië en Zuidoost-Azië en India. Opgericht door middel van een Koninklijk Besluit op 31 december 1600, was het bedoeld als een monopolistisch handelsorgaan zodat Engeland kon deelnemen aan de specerijenhandel met Oost-India. https://www.bbc.co.uk/programmes/n3csxl34

8 De New Deal was een serie van programma's, publieke infrastructurele projecten, financiële hervormingen en reguleringen uitgevoerd door president Franklin D. Roosevelt in de Verenigde Staten van Amerika tussen 1933 en 1939. Het reageerde op een behoefte aan hulp, hervormingen en herstel van de Grote Depressie. https://www.fdrlibrary.org/great-depression-new-deal

9 https://www.npr.org/sections/codeswitch/2013/08/26/215761377/a-history-of-snake-oil-salesmen

10 De wereldwijde financiële crisis van 2008 hoort bij de meest schokkende recente voorbeelden van een economische tsunami. De hypotheekmarkt voor niet-kredietwaardige hypotheken in de VS fungeerde hierbij als trigger, waarbij grote investeringsbanken de mate van risico in bepaalde samengestelde financiële producten volledig verkeerd inschatten. https://www.investopedia.com/terms/e/economictsunami.asp#:~:text=The%202008%20global%20financial%20crisis,in%20certain%20collateralized%20debt%20instruments

11 Bij diplomatie gericht op een schuldenval (debt-trap diplomacy) wordt er ingezet op het aanmoedigen van lenen door het ene land bij het andere, met vaak een negatieve intentie om deze scheve schuldenverhouding vervolgens uit te buiten. Alhoewel de term gebruikt wordt voor het schuldenbeleid van allerlei landen, en het International Monetary Fund (IMF), wordt het momenteel vooral geassocieerd met het beleid van de Volksrepubliek China. https://foreignpolicy.com/2020/03/23/china-coronavirus-belt-and-road-bri-boost-debt-diplomacy/

12 Het Belt and Road Initiative, vroeger bekend als One Belt One Road (OBOR), is een wereldwijde ontwikkelstrategie voor infrastructuur, die de Chinese overheid vanaf in 2013 ingezet heeft, waarbij ze investeren in verschillende landen en internationale organisaties. https://www.oecd.org/finance/Chinas-Belt-and-Road-Initiative-in-the-global-trade-investment-and-finance-landscape.pdf

13 Het Marshall Plan (officieel genaamd het European Recovery Program, ERP) was een Amerikaans initiatief dat in 1948 aangenomen werd om ontwikkelingshulp te geven aan West-Europa. https://history.state.gov/milestones/1945-1952/marshall-plan

14   De "Digital Silk Road" (DSR) werd in 2015 geïntroduceerd in een officiële paper van de Chinese overheid, als onderdeel van het Belt and Road Initiative (BRI) van Beijing. Het is jarenlang niet zozeer een aantal specifieke projecten geweest, maar meer een merknaam voor bijna alle data- of telecommunicatie-gerelateerde verkopen of ondernemingen, door Chinese techbedrijven, met projecten in Afrika, Azië, Europa, Latijns-Amerika en de Caraïben, in totaal meer dan 100 "BRI landen". https://carnegieendowment.org/2020/05/08/will-china-control-global-internet-via-its-digital-silk-road-pub-81857

15   Het Thousand Talents Plan (TTP) (Chinees: 千人计划; pinyin: Qiān rén jìhuà, oftewel Duizend Talentenplan) or Thousand Talents Program (Chinees: 海外高层次人才引进计划; pinyin: Hǎiwài gāo céngcì réncái yǐnjìn jìhuà) is gestart in 2008 door de centrale overheid in China, om toonaangevende internationale experts in wetenschappelijk onderzoek, innovatie en ondernemerschap te eren en te werven. https://www.hsgac.senate.gov/imo/media/doc/2019-11-18%20PSI%20Staff%20Report%20-%20China's%20Talent%20Recruitment%20Plans.pdf

16   Een expatriate (meestal afgekort tot expat) is een persoon die verblijft in een ander land dan hun geboorteland. https://www.merriam-webster.com/dictionary/expatriate

17   https://itif.org/publications/2020/06/22/new-report-shows-unfair-chinese-government-support-huawei-and-zte-has-harmed

18   Binnen de Russische cultuur is kompromat, een samenvoeging van "compromitterend materiaal", belastende informatie over een politicus, een zakelijk leider, of andere publieke figuren, dat gebruikt kan worden om negatief publiciteit te creëren, of om iemand te chanteren of onder druk te zetten. https://www.newyorker.com/news/swamp-chronicles/a-theory-of-trump-kompromat

19   Na het opbouwen van bruggenhoofden in Azië, Europa en Afrika, zijn Chinese AI-bedrijven nu bezig om Latijns-Amerika binnen te dringen, een regio die de Chinese overheid omschrijft als van "economisch groot belang". Venezuela heeft onlang een nieuw nationaal systeem voor ID-kaarten geïntroduceerd, waarin de politieke voorkeuren van burgers worden vastgelegd in een database die gebouwd is door ZTE. Met een macabere ironie hebben Chinese bedrijven jarenlang veel van dergelijke toezichtsproducten tentoongesteld op een beveiligingsexpositie in Xinjiang, de thuisprovincie van de Oeigoeren. https://www.theatlantic.com/magazine/archive/2020/09/china-ai-surveillance/614197/

20   https://www.theatlantic.com/magazine/archive/2020/09/china-ai-surveillance/614197/

21   https://www.brookings.edu/opinions/the-aiib-and-the-one-belt-one-road/

22   https://en.wikipedia.org/wiki/List_of_countries_by_GDP_(PPP)

23   https://www.heritage.org/defense/commentary/chinas-defense-spending-larger-it-looks

24   https://youtu.be/2J9y6s_ukBQ

25   https://www.nytimes.com/2018/01/18/us/politics/trump-border-wall-immigration.html

26   https://fee.org/articles/the-medical-cartel-is-keeping-health-care-costs-high/#:~:text=Though%20few%20Americans%20realize%20it%2C%20health%20care%20is%20a%20monopoly.,-Cartels%20Protecting%20Doctors&text=Cartels%20Protecting%20Doctors-,Both%20directly%20or%20indirectly%2C%20the%20AMA%20also%20controls%20the%20prices,payment%20policies%20of%20insurance%20companies.

27   https://www.oecd-ilibrary.org/education/education-at-a-glance-2018_eag-2018-enhttps://fee.org/articles/the-medical-cartel-is-keeping-health-care-costs-high/-:~:text=Though%20few%20Americans%20realize%20it%2C%20health%20care%20is%20a%20monopoly.,-Cartels%20Protecting%20Doctors&text=Cartels%20Protecting%20Doctors-,Both%20directly%20or%20indirectly%2C%20the%20AMA%20also%20controls%20the%20prices,payment%20policies%20of%20insurance%20companies.

28   https://educationdata.org/international-student-enrollment-statistics/

29   https://www.oecd.org/pisa/pisa-2015-results-in-focus.pdf

30   https://www.sentencingproject.org/wp-content/uploads/2015/11/Americans-with-Criminal-Records-Poverty-and-Opportunity-Profile.pdf

31   https://www.brennancenter.org/our-work/research-reports/citizens-united-explained

32   https://www.marketwatch.com/story/airlines-and-boeing-want-a-bailout-but-look-how-much-theyve-spent-on-stock-buybacks-2020-03-18

33   https://www.marketwatch.com/story/airlines-and-boeing-want-a-bailout-but-look-how-much-theyve-spent-on-stock-buybacks-2020-03-18

34   https://www.imf.org/external/pubs/ft/fandd/2019/09/tackling-global-tax-havens-shaxon.htm

35 De Indiase versie van feodalisme Een zamindar was in het Indiase subcontinent een (semi-)autonome heerser van een staat, die de suzereiniteit van de Keizer van Hindustan accepteerde. Deze term betekent in het Perzisch "landeigenaar". Over het algemeen erfden zamindars enorme stukken land, en voerden ze het gezag over de boeren in hun gebied. Ze hadden het recht om belasting bij hen te innen namens de keizer, of voor militaire doelen. https://www.britannica.com/topic/zamindar

36 Gordon Gekko is een fictioneel karakter, die de schurk is in de populaire film "Wall Street" van Oliver Stone, uit 1987.
https://review.chicagobooth.edu/behavioral-science/2017/article/moral-ambivalence-gordon-gekko

37 Het is een zwartgallige science-fiction thriller die relevant is voor de hedendaagse maatschappij en de bestaande sociale en economische ongelijkheid. https://www.sonypictures.com/movies/elysium

38 Vertaald citaat uit The Mystery of Capital: Why Capitalism Triumphs in the West and Fails Everywhere van Hernando De Soto (Auteur) https://www.amazon.com/dp/B06XCFW5ZN/

39 https://www.sba.gov/sites/default/files/FAQ_Sept_2012.pdf

40 Een zwartgallige science-fiction thriller die relevant is voor de hedendaagse maatschappij en de bestaande sociale en economische ongelijkheid. https://en.wikipedia.org/wiki/Elysium_(film)

41 https://www.cnn.com/2020/01/07/tech/boz-trump-facebook/index.html

42 https://www.swift.com/sites/default/files/documents/swift_bi_currency_evolution_infopaper_57128.pdf

43 https://www.thebalance.com/black-wednesday-george-soros-bet-against-britain-1978944

44 https://en.wikipedia.org/wiki/1997_Asian_financial_crisis#:~:text=Malaysian%20Prime%20Minister%20Mahathir%20Mohamad,sold%20it%20short%20in%201997.

45 https://www.rottentomatoes.com/tv/the_man_in_the_high_castle/s01

46 https://www.rottentomatoes.com/m/american_factory

47 https://en.wikipedia.org/wiki/Snake_oil

48 https://www.imf.org/en/Publications/GFSR/Issues/2019/10/01/global-financial-stability-report-october-2019

49 De titel van dit boek is geïnspireerd op de komedie uit 1980, "The Gods Must Be Crazy", waarin een lege Coca-Cola fles vanuit een vliegtuig valt in een dorp van Afrikaanse bushbewoners. De fles wordt gezien als een cadeau van de goden, maar doordat het leidt tot onrust en problemen onder de dorpelingen, beslissen de stamleiders dat ze het teruggeven aan de goden, door één van de ouderen naar het einde van de wereld te laten reizen om het daar over de rand te gooien. Via mijn eigen metaforische colafles, kan ik het begin van een nieuw rijk zien. Dit boek dient als een testament van mijn kijk op het herstel van het huidige rijk (kapitalisme en ondernemingen), voordat het te laat is. https://www.rottentomatoes.com/m/the_gods_must_be_crazy

50 https://global-inst.com/

51 https://www.history.com/topics/cold-war/the-khmer-rouge

52 https://en.wikipedia.org/wiki/Snake_wine

53 https://www.cato.org/cato-journal/winter-2018/against-helicopter-money

54 https://www.investopedia.com/terms/g/gordon-gekko.asp

55 https://www.investopedia.com/terms/q/quantitative-easing.asp

56 https://youtu.be/8iXdsvgpwc8

57 "Triple talaq", zoals het heet, staat een echtgenoot toe om van zijn vrouw te scheiden door driemaal het woord "talaq" (scheiding) te zeggen op enige manier, inclusief e-mail https://en.wikipedia.org/wiki/Divorce_in_Islam

58 https://en.wikipedia.org/wiki/List_of_countries_by_GDP_(PPP)

59 https://www.whitehouse.gov/presidential-actions/memorandum-order-defense-production-act-regarding-3m-company/

60 https://www.theatlantic.com/education/archive/2018/09/why-is-college-so-expensive-in-america/569884/

61 https://www.theregister.com/2021/08/20/china_5g_progress/

62 https://www.mckinsey.com/business-functions/organization/our-insights/getting-practical-about-the-future-of-work

63 https://www.swift.com/sites/default/files/documents/swift_bi_currency_evolution_infopaper_57128.pdf

64 https://data.worldbank.org/indicator/CM.MKT.LDOM.NO?end=2018&locations=US&start=1996

65 https://watson.brown.edu/costsofwar/papers/2021/ProfitsOfWar

66 Saudi Sovereign-Wealth Fund Buys Stakes in Facebook, Boeing, Cisco Systems - WSJ

67 https://www.whitehouse.gov/briefing-room/presidential-actions/2021/09/03/executive-order-on-declassification-review-of-certain-documents-concerning-the-terrorist-attacks-of-september-11-2001/

68 https://en.wikipedia.org/wiki/Charlie_Wilson%27s_War_(film), https://www.pbs.org/wgbh/frontline/film/bitter-rivals-iran-and-saudi-arabia/, https://en.wikipedia.org/wiki/Syriana, https://www.pbs.org/frontlineworld/stories/r4.html https://www.pbs.org/independentlens/films/shadow-world/

69 https://www.wsj.com/articles/saudi-sovereign-wealth-fund-buys-stakes-in-facebook-boeing-cisco-systems-11589633300

70 https://en.wikipedia.org/wiki/Lobbying_in_the_United_States
https://www.american.edu/spa/ccps/upload/thurber-testimony.pdf

71 https://www.brennancenter.org/our-work/analysis-opinion/how-campaign-spending-judicial-elections-subverts-justice

72 https://en.wikipedia.org/wiki/Snake_oil

73 https://www.britannica.com/place/Third-Reich

74 https://www.rottentomatoes.com/tv/the_man_in_the_high_castle/s01

75 https://www.rottentomatoes.com/m/american_factory

76 https://youtu.be/8iXdsvgpwc8

77 https://global-inst.com/

78 https://www.investopedia.com/terms/q/quantitative-easing.asp

79 http://www.petrochina.com.cn/ptr/index.shtml

80 https://www.total.com/

81 https://www.history.com/topics/cold-war/the-khmer-rouge

DANKWOORD

Ik wil mijn dank uitspreken aan iedereen die me opbouwende kritiek heeft gegeven en me heeft geholpen om steeds beter te falen na drie decennia van vervormde realiteiten. Speciale dank aan iedereen die me verschillende perspectieven heeft gegeven, waaronder Fox News, PBS, Real Vision, FT, HBR, Bloomberg, Ray Dalio, Hernando de Soto, Chamath Palihapitiya, Charlie Rose, GIFT (www.global-inst.com)...

9781956687675